Desde mucho antes que Miguel de Cervantes tiñera la expresión Quijotesca, "Soñar el sueño imposible, luchar contra el enemigo imposible, correr donde valientes no se atrevieron a alcanzar la estrella inalcanzable," cantidades de autores, maestros y motivadores han intentado inspirarnos a alcanzar nuestros sueños. Lamentablemente, pocos nos equipan con secretos profundos para lograrlos porque se quedan en el estímulo sin la sustancia, pero ese no es el caso de Stamina. En estas páginas el Dr. Lucas Leys revela esos secretos tangibles que nos llevan, más allá de soñar, a lograr. Contrario a recetas facilistas, Stamina provee una cartografía transformadora que nos transporta de anhelos frustrados a prácticas que catapultan y es que cada generación necesita a sus sherpas que les ayude a escalar la cumbre de su Everest y en Stamina tenemos un mapa y en Lucas un gran sherpa. Este libro me abrió la imaginación desde que comencé a leerlo hasta el final y me animó a cultivar virtudes que reduzcan la fatiga y coloquen alas a los sueños de mi vida. ¡No tengo dudas de que con estas páginas Dios aumentará la Stamina de todos los montañistas que lo lean!

Dr. Gabriel Salguero. Presidente, Coalición Nacional de Latinos Evangélicos, Pastor, Calvario City Church, Orlando, Florida.

Wow ¡Que temas tan transcendentales toca este libro y que clase la de Lucas al escribir de ellos! Necesitamos desesperadamente líderes de carácter con la influencia que Dios quiere que alcancemos. Lideres con planes y no tan solo deseos. Con valores y principios sabios para mantener el balance en los distintos roles y la fortaleza física, mental y espiritual para asumir los retos de este siglo. Cada líder debe leer Stamina del Dr. Lucas Leys. Tu ministerio se expandirá por la lectura corta de este mapa espiritual.

Rocío Corson. Fundadora de "El lugar de su presencia" en Bogotá, Colombia. Autora y conferencista internacional.

En estas páginas Lucas nos abre el corazón y sus pensamientos para, de nuevo, dar en el blanco con una de las necesidades más importantes que debemos suplir en nuestro liderazgo. Evitando clichés, ahonda en el fondo de nuestras inquietudes y nos hace ver qué necesitamos, esa motivación intrínseca que permanece en el tiempo y no depende de las circunstancias ni de las recompensas externas. En este libro no hay consejos baratos. Encontrarás realidad, palabras con peso, que solo la experiencia de muchos años puede dar y que inspirarán tu vida de manera extraordinaria porque este libro te anima a ser, a relacionarte, a experimentar la gracia y compartirla con otros, sin perder el rumbo y clarificando conceptos que a veces se nos escapan.

Lucas sigue teniendo la frescura del primer día, el entusiasmo (lleno de Dios) de cuando recibió su vocación, y la osadía del que no concibe tirar lo toalla. Y a la vez, en cada página descubrirás la sabiduría del que se sabe vulnerable, que ha tenido éxito y que se ha equivocado pero que ha crecido, que ha sido herido pero ha aprendido, y que sigue con ilusión su llamado y quiere bendecir a otros. No es nada fácil encontrar esta combinación en un escritor, así que no imagino alguien mejor para hablar acerca de este tema, que es urgente. Porque aunque no hayas conocido la palabra antes, Dios quiere llenarte de Stamina, para que llegues hasta el fin.

Alex Sampedro. Pastor, autor, compositor e interprete.

Lucas nunca falla en brindar mucha información novedosa y precisa, pero lo que siempre me produce más admiración es su profundidad espiritual al interpretarla y al mismo tiempo, cuán prácticos son sus consejos para vivir la clase de vida que anhelamos. Stamina no es la excepción y trae una valiosísima riqueza que aportará la dirección practica y el balance que muchos necesitamos en este tiempo de tantas distracciones y falta de equilibrio en el ritmo de vida laboral y ministerial. Esta es una reflexión indispensable para que lleguemos a ser la clase de líderes que podemos llegar a ser.

Coalo Zamorano. Productor musical y cantautor.

Muchísimas de las situaciones nocivas que la sociedad de hoy enfrenta se deben justamente a la carencia de líderes con carácter y por eso este libro es tan importante. De las lecciones más valiosas que podemos aprender de Lucas es su compromiso con Dios en modelar el carácter que debemos desarrollar los lideres cristianos y justamente lo hemos visto hacerlo a largo plazo. Su trayectoria ha resistido la prueba del tiempo y por eso puede escribir estas páginas con tanta honestidad.

Como mujer líder tengo muchas responsabilidades tanto dentro como fuera del hogar y uno de los retos más grandes a los que me enfrento a diario es tener una vida equilibrada pues requiere de intencionalidad y enfoque y me fascinó que ese es uno de los grandes temas y rasgos de este libro que trata de cómo evitar la fatiga y el desbalance que puede producir el liderazgo ¿Cuál es la clave para un liderazgo equilibrado y de largo plazo? ¡Lee este libro!

Cris Acuña. Autora y conferencista, miembro del equipo pastoral del Centro evangelístico en San José de Costa Rica.

Este es un nuevo día para la iglesia y por eso me emocionan estas páginas. Hay una nueva generación emergiendo con fuerza y ansias de algo distinto, fresco, genuino e imparable y eso no puede quedarse tan solo en emoción y ganas sino que debe convertirse en decisiones de pasos concretos y justamente eso es lo que trae este poderoso libro. En él, Lucas trae una visión práctica y profunda de lo que necesitamos desarrollar en la nueva generación de líderes. Principios sabios, eternos y desafiantes, que aplicados y convertidos en hábitos son capaces de revolucionar una vida estancada, frustrada y limitada por su contexto cultural, levantando así lideres únicos, que no solo empiecen bien sino que disfruten de la carrera y ,llegado el momento, entreguen el relevo a la próxima generación sin haberse rendido por el camino. ¡Me encantó porque eso necesitamos! Una generación de líderes resistentes, con más Stamina que solamente deseos y entusiasmo.

Juan Mejías. Pastor de Hillsong, Barcelona.

Como me hubiera gustado tener este libro en mis manos para adoptar las disciplinas tan magistralmente explicadas en estas páginas bien temprano en mi carrera. Al leer los principios de este libro, sé que mi caminar hubiese sido menos fatigado y por eso me parece maravilloso que los líderes de hoy puedan tener este recurso a su disposición. Si bien todavía hay muchos líderes aferrados a la idea de que «se aprende en el camino» hay otros que vamos aprendiendo que el llamado supremo demanda que anticipemos los desafíos y no solo que reaccionemos y por eso le doy la bienvenida a un material tan profundo, práctico y bien escrito porque he visto a muchos rendirse en el camino por falta de esa Stamina que se prolonga con un plan. Cuando Dios nos da una encomienda, si bien Él hará su parte, hay una responsabilidad que nos corresponde y es prepararnos, aprender, mejorar y ser estratégicos, lo cual, nadie hará por nosotros.

Le doy la bienvenida a este maravilloso mapa detallado que te ayudará a lograr tu cometido evitándote un desgaste innecesario en la carrera.

Marie Griffin. Entrepreuner y directora general de Expolit

Este libro contiene verdades que no podemos ignorar. Con Stamina, Lucas despierta nuestro intelecto atrofiado por las presuposiciones, tradiciones, prejuicios y por qué no decirlo, por la tremenda ignorancia con la que muchísimos lideres cristianos hemos decidido vivir y hacer ministerio.

Stamina es un llamado inteligente a luchar por lo que creemos y por desechar lo que detiene y ha estado corrompiendo nuestra vocación y llamado como discípulos de Jesucristo. Todo líder debe meter Stamina en su sistema y cuanto antes.

Héctor Hermosillo. Plantador de iglesias y actual pastor de Semilla de mostaza en California.

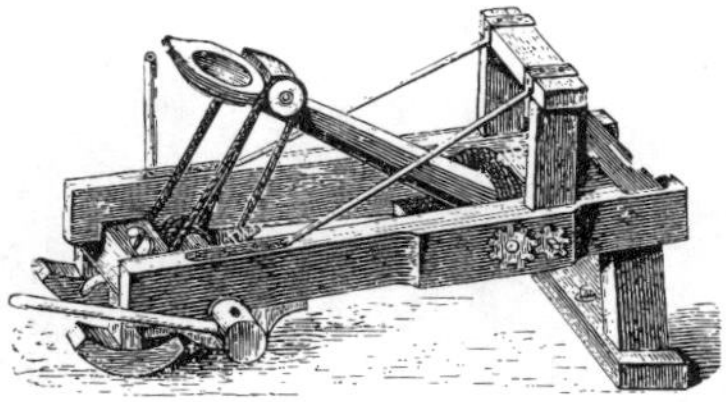

STAM·I·NA

La virtud que transforma anhelos en logros

LUCAS LEYS

e625.com

e625.com

STAMINA
e625 - 2019
Dallas, Texas

Todas las citas Bíblicas son de la Nueva Biblia Viva (NBV) a menos que se indique lo contrario.

Editado por: Maria Gallardo
Diseño de portada e interior: Creatorstudio.net
Ilustraciones: José Traghetti

ISBN: 978-1-946707-06-2

IMPRESO EN ESTADOS UNIDOS

CONTENIDO

A quienes anhelan crecer hasta el final.

CAPÍTULO 0

EL MAPA

Todos podemos cambiar. Crecer. Despertar en un nuevo lugar después de atravesar un largo camino de oscuridad sin la seguridad de dónde estábamos, pero con la esperanza de descubrir a la mañana siguiente, la belleza de un nuevo destino.

Nuestra historia no es nuestro futuro y es que el pasado y el futuro son universos distintos. Uno terminó ayer y el otro comienza ahora ya que el destino es la suma de nuestras decisiones y por lo tanto, podemos cambiarlo.

Lo mismo sucede con nuestro liderazgo. No es algo quieto y definido. Podemos modificarlo. Podemos mejorar. Podemos ser más asertivos y acertados. Podemos ser más humildes y valientes. Podemos mejorar la puntería y ampliar nuestra influencia.

De hecho, debemos hacerlo.

¿Por qué?

Porque uno de los pecados que más ofende a Dios es que desperdicies tu influencia. Él te hizo para amarte y para amar a otros a través de tu vida. Te hizo para que expreses su impronta de una manera única y de una forma en la cual nadie más puede expresarla, llegando a personas que solo tú podrás afectar de determinadas maneras y en circunstancias específicas.

Esto es lo que revela Pablo a lo largo de toda su carta a los Efesios, y también lo que asegura acerca de nuestra identidad y futuro en su carta a los Romanos.

UNO DE LOS PECADOS QUE MÁS OFENDE A DIOS ES QUE DESPERDICIES TU INFLUENCIA

Es por esta razón que se hace tan importante tener siempre en claro a dónde vamos y por qué hacemos lo que hacemos. O, en este caso, por qué leemos lo que leemos. Después de todo, el éxito evade a quienes encuentran dificultad en definirlo. Y es que quienes no saben lo que buscan, no encuentran demasiado, y por eso, quiero comenzar definiendo el rumbo de estas páginas y el resultado que espero que encuentres al leerlas.

STAMINA

Me encontré con esta palabra hace unos años en un gimnasio, y luego volví a escucharla en boca de un candidato presidencial refiriéndose a otro candidato, y me cautivó. La escuché en inglés y supuse que existía en español, pero al momento en que escribo estas letras la Real Academia Española todavía no la considera una palabra oficial en nuestro idioma, y por eso en el título de este libro la dejé en inglés como la aprendí.

¿Qué significa? La definición más corta dice que es "la capacidad de reducir la fatiga", lo cual implica que la stamina permite sostener el esfuerzo por mayor tiempo. En otras palabras, es la habilidad física y mental –y, por qué no, espiritual- de poder soportar actividades sin cansarse, o sin tener que parar antes de alcanzar la meta.

Para los fisiólogos, incrementar la stamina equivale a mejorar la fuerza muscular y ampliar la resistencia y, de hecho, para muchos traductores, "resistencia" es nuestra palabra en español con el significado más parecido y de eso se trata este libro.

¿Cómo resistir el desgaste del liderazgo?

¿Cómo permanecer frescos, conectados y energizados cuando las cosas se ponen difíciles?

¿Cómo continuar dando lo mejor y asegurando resultados a largo plazo que perduren en otros y que permitan extender y ampliar nuestra influencia?

LA STAMINA PERMITE SOSTENER EL ESFUERZO POR MAYOR TIEMPO

Cuando di mis primeros pasos en el liderazgo cristiano había una gran cantidad de líderes a mi alrededor que hoy ya no están sirviendo o que incluso -lo digo con profunda tristeza- ya ni siquiera están en los caminos del Señor. Muchos de ellos me aventajaban en conocimiento, experiencia y habilidades.

Sin embargo, incluso viendo a aquellos que permanecieron, noto que la mayoría se encuentra hoy exactamente en el mismo lugar donde estaban hace tantísimos años atrás... solo que con más años, menos sueños y menos ímpetu. Al hablar con ellos lo noto de inmediato. Están aburridos y cansados.

Y claro, *¿cómo no estarlo?*

Ninguno de nosotros nació para engranaje.

Hacer lo mismo innumerables veces desgasta, y sobre todo cuando no vemos una relación directa entre nuestro esfuerzo y los resultados y precisamente eso es lo que les sucede a muchísimos líderes cristianos. Su capacidad de resistencia es demasiado corta, y entonces nunca se gradúan de lo que hacen y terminan rendidos. Algunos resisten, claro, pero viven agotados y con mucha frustración y la sensación de que fueron hechos para más.

INFLUENCIA

Nuestras comunidades piden a gritos mejores líderes. Las nuevas generaciones necesitan mejores líderes. Tus nietos necesitarán mejores líderes. Hombres y mujeres a su alrededor que, con su influencia, les ayuden a creer que vale la pena esforzarse, enfrentar las injusticias y perseverar hasta el final, porque vivir una vida significativa es posible, y esa posibilidad tiene todo que ver con lo que hagas con los días que tienes frente a tu nariz y los años que tienes por delante.

La influencia y la stamina se besan. Tienen un amor secreto y personal que intentaré que descubramos juntos en este pequeño libro.

LA INFLUENCIA Y LA STAMINA SE BESAN

Influencia significa mucho más que lograr que la gente te siga, haga cosas, o te admire por un rato. La influencia es una *fuerza imperceptible* que en algún momento se hace tangible en cambios perdurables. La influencia se construye con el tiempo. La influencia se madura. Se cura. Se protege y se multiplica, o se pierde ya que no es posible ser neutrales con ella. Por eso en estas páginas vamos a dialogar acerca de identidad y carácter. Porque quiénes somos como líderes repercute mucho más sobre los efectos que producimos que lo que pueden hacerlo unas técnicas pragmáticas para conseguir mejores resultados a menor costo.

En otras palabras, este no es un libro sobre liderazgo organizacional, eclesiástico ni ejecutivo. Si leíste mi libro "Liderazgo Generacional" sabes que considero que es vital desarrollar una visión estratégica, y que creo que hay técnicas estructurales que pueden facilitar nuestros esfuerzos. Pero este libro es distinto, porque se enfoca en lo germinal y oculto de nuestra naturaleza. En aquello a lo cual solo nosotros -y Dios- tenemos acceso.

INFLUENCIA SIGNIFICA MUCHO MÁS QUE LOGRAR QUE LA GENTE TE SIGA, HAGA COSAS, O TE ADMIRE POR UN RATO

El genial C.S. Lewis ya advertía hace muchos años que "la ignorancia también puede vestirse a la moda, ser famosa y propagarse con elocuencia" y por eso no quiero quedarme en lo que ven los ojos, sino ir más allá. No quiero limitarme a darte algunas aspirinas emocionales, asegurándote que todos somos campeones, que los cristianos siempre triunfamos, que el fracaso no es una opción, y que si lo puedes soñar lo lograrás. No. Hay gente que creyó todo eso y se lo repitió a los gritos mirándose en el espejo, y que luego no perseveró a través de los exámenes del liderazgo. Algunos arrancaron bien pero terminaron mal. Otros (quizás la mayoría) simplemente se estancaron.

Y no me malentiendas. Animarnos a nosotros mismos y rodearnos de ideas y de personas positivas puede ser una gran ayuda. Pero debemos ir más profundo. Por eso, el camino que recorreremos con este mapa en forma de libro va a ir descubriendo el desarrollo de una virtud del carácter que tiene que ver con quién llegarás a ser en tu vejez.

Piénsalo así: todas las personas tienen deseos insatisfechos y pueden mejorar su autoestima, pero solo una minoría puede diferenciar esos deseos de las necesidades del alma y establecer una visión precisa de su vocación; todavía menos son los que tienen un plan estratégico para ejecutar esa vocación y llegar a un éxito tangible, y todavía menos quienes resisten con ímpetu hasta dejar un legado a las siguientes generaciones. *¿Te gustaría ser de aquellas pocas personas que lo logran?* De eso se trata este libro.

CAPÍTULO 1

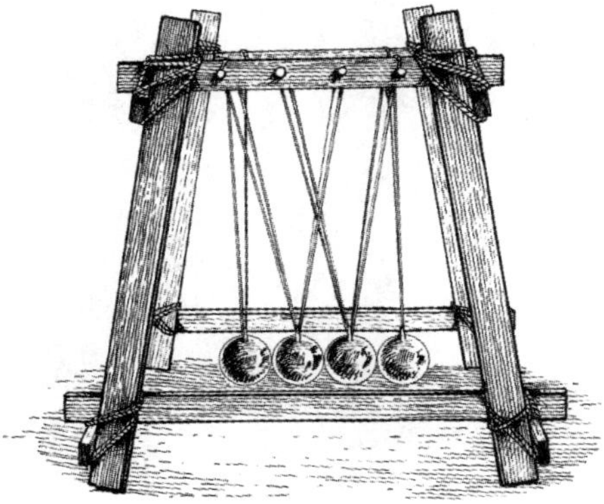

TODOS SOMOS IMPOSTORES

Me cae muy mal decepcionar a alguien, y me cae peor decepcionar a Dios. Pero lo he hecho.

Ambas cosas.

Muchas veces.

Y lo volveré a hacer.

Y no digo esto para consolarme ni para justificarme. Es solo una advertencia.

Sé que Dios permite que nos equivoquemos y tropecemos. Creo que le interesa que cuando intentemos ayudar a otros con sus errores y tropiezos, sepamos un poco mejor de qué estamos hablando. *¿Te imaginas cuán insensibles seríamos si nosotros nunca cometiéramos un error?*

Sin embargo, con mucha tristeza debo confesar que en demasiadas ocasiones olvido esto. Todos lo olvidamos. Incluso de alguna manera pareciera ser que nuestro contexto cristiano hispanoamericano quisiera anestesiarnos a la verdad de que los cristianos somos pecadores redimidos que vivimos en un mundo de pecado. Y así perdemos de vista la realidad de que solamente somos peregrinos frágiles que nos encontramos con el mapa de la cruz para albergarnos en el mesón de la gracia.

Presta atención a lo que cantamos. Gracias a Dios esto ha ido cambiando de a poquito en los últimos años, pero desde hace algunas décadas que la gran mayoría de las canciones que más escuchamos tienen un claro matiz exitista con afirmaciones tan grandilocuentes que te confieso que en ocasiones, me ruboriza el alma cantárselas a Dios.

Por supuesto, es injusto generalizar. Hay excepciones y está claro que nadie tiene malas intenciones. Pero me refiero a repetir frases del estilo de: *"Lo único que me importa es Jesús..."*. Yo puedo cantar esa frase con los ojos cerrados, las manos levantadas y mi mejor cara de adolescente enamorado, pero seguirá siendo una mentira. Me importa Jesús, pero también me importan mi esposa, mis hijos, mis amigos, y el ministerio que tengo entre manos.

Claro, es poesía. Lo entiendo. Pero exagera sentimientos que, en el mejor de los casos, son momentáneos, y, lo que es peor, contribuye a crear en el inconsciente colectivo de los cristianos -sobre todos de los más inmaduros- una sensación de hipocresía.

Para seguir con mi ejemplo y ser bien claro, quiero distinguir que: si yo canto *"Amo a Jesús"*, estoy haciendo una afirmación irrefutable porque es personal; pero en el momento en que exagero el sentimiento incluyendo la palabra *"único"*, ya crucé la línea de la verdad.

Incluso en más de una ocasión he llegado a pensar que las canciones seculares a veces son más bíblicas que las cristianas, aunque no repitan palabras "evangélicas" ni se refieran a Dios, sencillamente porque muchas de ellas dicen las cosas como son y expresan la gama completa de las emociones humanas, tales como la tristeza, la frustración, y el amor filial y de pareja. Así como hace la Biblia al incluir el libro de Lamentaciones, la confusión de Oseas, los reclamos en el libro de los Salmos, las peleas entre hermanos en Génesis, las descripciones eróticas del Cantar de los cantares, o las confesiones de Pablo.

ES IMPOSIBLE AMPLIAR NUESTRA CAPACIDAD DE INFLUENCIA PARADOS EN HIPÉRBOLES

Por supuesto, no solo observo esto en las canciones sino también en las oraciones, en las predicaciones, y hasta en los posteos de redes sociales de algunos líderes cristianos. Por eso no le echo la culpa a los músicos, que pobres, dan lo que la mayoría les pide, sino que creo que es un círculo vicioso y fantasioso del que debemos salir entre todos.

¿Por qué me parece importante reflexionar sobre esto aquí? Porque si vamos a hacer una prescripción para incrementar nuestra capacidad de resistencia, tenemos que hacer un diagnóstico real y no sensacionalista ni romántico de nuestra situación actual.

El punto es que es imposible ampliar nuestra capacidad de influencia y nuestra resistencia al desgaste, y asegurar un legado a largo plazo, si comenzamos parados en hipérboles sensacionalistas y declaraciones solamente emotivas. Tenemos que pararnos sobre la verdad. La de Dios y la nuestra, admitiendo hasta lo más crudo de los huesos que estamos donde estamos por pura gracia, porque nada de lo que tenemos ni de lo que hacemos lo merecemos. *¿No crees que uno de los más poderosos catalizadores de cambio en nuestras vidas es el agradecimiento?*

IDENTIDAD BÍBLICA

Henri Nouwen identificó cinco mentiras acerca de nuestra identidad con las que podemos ser engañados (o engañarnos a nosotros mismos):

1. Soy lo que tengo.
2. Soy lo que hago.
3. Soy lo que otras personas piensan o dicen de mí.
4. Soy mi peor momento.
5. Soy mi mejor momento.

Cuando a mis veinticuatro años comencé a ser pastor asociado en una megaiglesia en California, yo sabía demasiado (o eso creía...), y precisamente por esa razón me tomó bastante tiempo reconocer cuán tonto era y cuánto tenía todavía para aprender, mejorar y crecer.

Cuando somos jóvenes tendemos a oscilar como un péndulo entre la sensación de que sabemos más que cualquier persona mayor (sobre todo si no maneja la tecnología que nosotros manejamos), y la sensación de que no sabemos nada y de que nadie nos preparó para lo que estamos viviendo. De hecho, ambas son señales de inmadurez, sin importar cuántos años tengamos. Siempre tenemos mucho para aprender de las personas a nuestro alrededor. Y si llegamos hasta aquí es porque todo nos preparó para este momento, y, por lo tanto, estamos listos.

Lo que se hace fundamental para mantenernos humildes y, al mismo tiempo, sentirnos preparados, es anclar nuestro sentido de valor en lo que Dios dice de nosotros.

No somos lo que tenemos. Diga lo que diga y venda lo que venda la sociedad de consumo, mis posesiones y mi salario no definen mi identidad. Mi valor no es proporcional a esa etiqueta en mi ropa ni al automóvil que manejo.

PARA MANTENERNOS HUMILDES Y PREPARADOS ES FUNDAMENTAL ANCLAR NUESTRO SENTIDO DE VALOR EN LO QUE DIOS DICE DE NOSOTROS

No somos lo que hacemos. Mi identidad no está definida por mi título ni por mi posición. Por eso me da algo de tristeza cuando en las biografías de redes sociales veo tantos títulos y cargos, porque sé que esas personas están paradas sobre arenas movedizas, pidiéndole al destino una crisis de identidad... imagínate que si un día pierden la posición, ¡se desdibujará quiénes son!

No somos lo que otras personas piensan o dicen de nosotros. Eso siempre es subjetivo. Tiene que ver con quiénes son ellos y, en todo caso, con la pequeña parte que conocen de nosotros. Las críticas y los halagos son una pareja de viejos chismosos y los dos son peligrosos si los escuchamos demasiado.

No somos nuestro peor momento. Si ya me arrepentí, le pedí perdón a Dios, y cambié, ni Dios se acuerda de lo sucedido (Miqueas 7:18-19) *¿Por qué entonces me voy a acordar yo todo el tiempo, y por qué le voy a permitir a personas menos importantes que Dios que me definan por eso?* ¡Sería deshonrar su perdón! Créeme, el mundo es mucho más grande que ese grupo de personas que te rodean ahora. Si tu círculo te condena por algún error de tu pasado, ¡cambia de círculo!

No somos nuestro mejor momento. Los logros hablan bien de nosotros, y la atención que acaparan tiene una alta cuota de seduccción, pero tampoco nos definen. En la ecuación de esa victoria seguramente hubo mucha gracia. Y, en todo caso, esa victoria refleja un aspecto de nuestra vida y no todos. Además, si pensamos que somos nuestro mejor momento podemos caer en la trampa de dejarnos definir por el ayer, lo cual sería malo aunque se trate de un recuerdo positivo.

Nope.

Asumiendo que eres líder, no voy a darte un sermón explicándote que Dios te ama como a un hijo (1 Juan 3:1), que te ha escogido (Efesios 1:4-6), y que te ha comprado por un alto precio (1 Corintios 6:20), porque muy probablemente tú me lo puedas predicar mejor que yo a ti. Pero sí te quiero hacer pensar en estas tres dinámicas respecto de nuestra identidad bíblica:

- Dios conoce todo de nosotros mejor que nadie (Salmos 100:3, Job 34:21-22, Mateo 10:30). Él conoce cada uno de nuestros pensamientos y puede ver hasta lo más profundo del corazón. Así que decirle que todo lo que hacemos es solamente por las almas... Mmm, no creo que lo conmueva.

- Dios todavía está trabajando en nosotros (Salmos 139:23-24, Romanos 8:29, Filipenses 1:6). Esto quiere decir que un aspecto de nuestra identidad bíblica es que somos proyectos de Dios en los que Él aún planea seguir poniendo su mano perfeccionadora.

- Dios puso en nosotros dones y talentos a propósito y con propósito (1 Corintios 12:4-6, Romanos 12:6-8, 1 Pedro 4:10-11). En este momento preciso de la historia la Iglesia está incompleta y es más frágil sin nuestro aporte.

EXUBERANTE GRACIA

Uno de mis mayores privilegios en la vida fue conocer de cerca a Mike Yaconelli, quien probablemente haya sido el entrenador de pastores de jóvenes más influyente de su época en los Estados Unidos. No fue durante muchos años que pude estar tan cerca suyo, pero fueron momentos intensos que dejaron su huella en mí. Mike murió inesperadamente a los 63 años, y aún recuerdo muy vívidamente cuando recibí la noticia en el aeropuerto de Santiago de Chile camino a Montevideo, Uruguay. Mike solía decir que los secretos de la vida cristiana seguían siendo un secreto para él, y todavía me río al recordar la historia de

LAS CRÍTICAS Y LOS HALAGOS SON UNA PAREJA DE VIEJOS CHISMOSOS

una pesadilla que tuvo en la que él estaba detrás de Jesús intentando seguirlo de cerca cuando Jesús elegía a sus discípulos -ya que se moría de ganas por ser elegido- y de repente se entusiasmó cuando Jesús se dio vuelta y le dijo: "Sígueme" a lo que inmediatamente él comenzó a correr hacia Jesús, pero Jesús lo frenó y, señalando a alguien que estaba detrás (alguien con la supuesta cara de Pedro), le aclaró a Mike: "No, tú no, le hablaba a él".

La honestidad de Mike era brutal. Piensa en esa frase: "Los secretos de la vida cristiana todavía son un secreto para mí." Mike era un pastor de pastores, respetadísimo en todos los rincones de la iglesia, ¡pero era increíblemente consciente de su necesidad de Dios! Mike tenía claro que todos somos impostores cuando olvidamos que vivimos realidades fragmentadas, y que para vivir en paz con nosotros mismos y con los demás debemos ser siempre honestos y revestirnos de mucha, *mucha* gracia.

SIEMPRE SEREMOS PERSONAS NECESITADAS DE GRACIA, RODEADAS DE PERSONAS NECESITADAS DE GRACIA

Él sabía que la espiritualidad real tiene más que ver con abrazar nuestro estado de necesidad y confiar con fe en el escandaloso amor del Padre, que con poner nuestra seguridad en nuestros talentos, dones, conocimientos, o conductas visibles. Todos esos son regalos y consecuencias de la exuberante gracia de Dios ya que nosotros siempre seremos personas necesitadas de gracia, rodeadas de personas necesitadas de gracia.

Como escribí en mi libro *"Diferente"*, es la dirección del corazón lo que define la santidad, más que las conductas externas. Y si somos sinceros, tenemos que admitir que Jeremías tenía razón al hablar de lo engañoso del corazón (Jeremías 17:9).

Algunos días tenemos las motivaciones correctas, y otros no. Algunas noches estamos inspirados, y otras no. Eso me pasa a mí, te pasa a ti, y nos pasa a todos, y es importante tenerlo en cuenta si no queremos estancarnos por desarrollar expectativas irreales acerca de nosotros mismos y de los demás. La honestidad y la humildad son la mejor entrada al taller de la resistencia.

CAPÍTULO 2

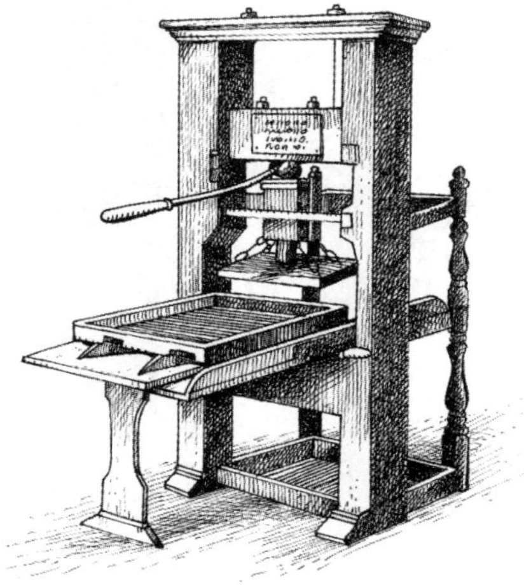

EL DESARROLLO DE UNA VIRTUD

Quienes logran una vida significativa no llegan allí por casualidad ni porque tuvieron suerte. Lo que tuvieron fue un plan en el que se enfocaron con pasión. De hecho, la historia testifica que quienes lo alcanzaron con mayor facilidad son aquellos que fueron increíblemente intencionales con ese plan y trabajaron duro para lograrlo.

Uno de esos ejemplos es el del hombre que aparece en los billetes de 100 dólares: Benjamín Franklin. Alrededor de 1730, llegando a sus treinta años de edad, él hizo una lista de trece virtudes esenciales que quería desarrollar en su vida. Virtudes como la humildad, la industria, la moderación y la frugalidad (la capacidad de ser ahorrativos). Benja elegía una virtud por semana, y mantenía una lista en su diario de todo lo que hacía durante la semana para trabajar ese valor en su vida. Así se fue edificando el carácter en lo profundo de una persona que, entre otras cosas, participaría más adelante en la redacción de la constitución de los Estados Unidos, la cual luego sirvió de modelo para las cartas constitucionales de muchos otros países del mundo.

¿TIENES UN PLAN PARA CONVERTIRTE EN LA CLASE DE LÍDER QUE DESEAS SER?

Y por eso llegó el momento de preguntarte: *¿Tienes un plan para convertirte en la clase de líder que deseas ser?* O, en el caso de que ya hayas alcanzado cierto grado de "éxito", balance, y realización, *¿tienes un plan para seguir avanzando?*

Cuidado: que aquí no me estoy refiriendo a deseos. Esa palabra no es el eje de la pregunta.

Deseos tenemos todos, pero un plan es otra cosa.

¿Cómo se desarrolla una virtud del carácter?

¿Cómo se incrementa la stamina en nuestra vida?

Sea dónde sea que nos encontremos en la vida, llegaremos a donde queramos llegar con un plan.

Un plan de valores y hábitos.

En ese orden.

LA DISTRACCIÓN DEL TALENTO

La profesora Angela Duckworth de la Universidad de Pensilvania ha sido premiada por la elaboración de un examen para predecir qué estudiantes tienen mayores posibilidades de graduarse satisfactoriamente de la escuela de oficiales de West Point del ejército de Estados Unidos. Académicamente, llegar a West Point es igual de exigente que ingresar a Princeton o a Harvard, y menos de un diez por ciento de quienes aplican logran ingresar. Pero la diferencia con las universidades normales es que aquí, además de las pruebas académicas, los estudiantes deben

hacer exámenes de capacidad física y conseguir al menos una carta de recomendación de un miembro del congreso antes de cumplir los diecisiete años.
Todos los cadetes admitidos a West Point fueron atletas destacados en su educación secundaria, y la gran mayoría fueron también capitanes de sus equipos, mostrando dotes de liderazgo. Sin embargo, uno de cada cinco de ellos se rendirá y abandonará West Point antes de graduarse, y la mayoría lo hará en su primer verano, al llegar a un entrenamiento intensivo de sietes semanas que se conoce como "La bestia."

Hay numerosas películas acerca de "La bestia", y la experiencia es descripta en el manual de ingreso a West Point como la prueba mental y física más demandante de sus cuatros años universitarios, diseñada para hacer la transición de una mentalidad de cadete a una mentalidad de soldado.

Lo primero que intrigó a Angela Duckworth fue preguntarse: *¿Quién que pasa un proceso tan exigente de ingreso y que ya ha probado ser un estudiante talentoso se rinde a solo tres meses de haber ingresado?* Al margen de las exigencias de "La bestia", Angela pensó que debía haber algo más, y lo corroboró al entrevistar a estudiantes actuales y antiguos y preguntarles a ellos mismos respecto de aquellos compañeros que se habían rendido. *¿Era una cuestión de habilidades?* No. Todos parecían estar de acuerdo en que quienes se rendían no eran personas menos talentosas que las que se quedaban. De hecho, más de un entrevistado confesaba no entender cómo tal o cual persona, que parecía tener todas las ventajas a su favor, se había rendido.
El ejército de Estados Unidos se había hecho estas preguntas

por décadas. De hecho, ya en 1955 habían contratado a un psicólogo llamado Jerry Kagan para intentar responderlas. Fue este psicólogo quien comenzó con un largo proceso de entrevistas y tests que muchos otros trabajaron en perfeccionar a través de los años hasta llegar a un sistema de evaluación llamado *The Whole Candidate Score* (el puntaje completo del candidato) que combinaba el puntaje obtenido en los tests de admisión que usan casi todas las universidades de Estados Unidos -conocidos como SAT y ACT- con una investigación sobre el número de compañeros de curso y diversos datos de familia, sumándole también los resultados en diferentes exámenes de capacidad física.

Lo que se logró fue una evaluación que establecía una gradación grafica del potencial y el talento de los estudiantes. Sin embargo, no se encontró correlación entre el puntaje de los estudiantes y si iban a rendirse o no, y precisamente por eso fue que buscaron a la doctora Duckworth. Ella estaba inmersa en investigaciones académicas acerca de qué tienen en común las personas exitosas en las diferentes disciplinas y se encontraba entrevistando a líderes en el ámbito de los negocios, el arte, y la medicina, entre otros.

Algunas de las características que habían surgido de sus investigaciones tenían que ver con el campo particular en el que se desenvolvían los entrevistados. Por ejemplo, todas las personas de negocios se destacaban por asumir riesgos financieros.

Los artistas confesaban que existía una pasión que los impulsaba, y que debían hacer cosas porque sentían la necesidad imperiosa de crear. Los deportistas se habían enamorado de la victoria; querían competir y odiaban perder. Y así había características en común que surgían dentro de cada campo, pero que a simple vista no se conectaban con las características distintivas de los otros campos. Sin embargo, al contrastar a los exitosos con los que no lo eran, Angela había comenzado a encontrar un patrón.

Todos los entrevistados estaban de acuerdo en que había personas en sus campos que tenían el talento suficiente pero que no habían llegado muy lejos porque se habían rendido. Una de sus entrevistadas lo explicó diciendo: "A algunas personas les va bien mientras les va bien, pero se desarman cuando tienen dificultades. Hay personas que se destacan con facilidad si las condiciones son las correctas, pero cuando las circunstancias son difíciles, estas personas se detienen."

HAY PERSONAS QUE NO SABEN FRACASAR

¿A algunas personas les va bien mientras les va bien...?

¡Ahí estaba la clave! Hay personas que no saben fracasar. Cuando algo les sale mal, se frustran y no pueden progresar. O si no son el centro de atención... o si no reciben el aplauso que esperaban... o si no consiguen fama pronto... o si no se sienten a gusto... o si no reciben una recompensa inmediata... entonces se rinden.

Angela Duckworth llegó a una conclusión científica: las personas con un alto nivel de realización son arquetipos de perseverancia. Por eso comenzó a elaborar un examen para West Point desde esta perspectiva en vez de la del talento, y con este examen finalmente sí se pudo predecir con bastante exactitud quiénes superarían "La bestia" y quiénes no.

Esta simple distinción entre talento y predisposición a la disciplina en la evaluación de Angela Duckworth le ha ahorrado millones de dólares al ejército de Estados Unidos, a la vez que ha conseguido una herramienta que desde hace ya algunos años viene revolucionando la evaluación y el desarrollo de ejecutivos en numerosas empresas.

UN PLAN DE VALORES Y HÁBITOS

Se lo he dicho a docenas de equipos: nadie planea fracasar, pero fracasaremos si no planeamos, o si no planeamos bien. No anticipar situaciones que de seguro tendremos que enfrentar es un error terminal para cualquier persona u organización. Y planear con expectativas ingenuas es otro error muy común que también debemos evitar. Por eso en el capítulo anterior dejamos en claro que somos proyectos de Dios, pero proyectos que están muy lejos de estar terminados. ¡Y lo mismo ocurre con la gente con la que trabajamos! Todos, absolutamente todos vamos a experimentar incomprensión, rechazo, críticas injustas, y deslealtad. *¿Por qué?* Porque, a menos que la Biblia esté equivocada, no hay bueno ni aun uno (Romanos 3:10) y por lo tanto, debemos prepararos para eso, sabiendo que el comienzo de cualquier cambio será siempre en nosotros, ya que nunca vamos a poder controlar las acciones de los demás, pero sí podemos controlar nuestras reacciones.

Un poco más arriba en este capítulo puse énfasis en que los valores vienen antes que los hábitos, y ahora te explico por qué:

Lo que hacemos nace de lo que creemos. Si intentamos cambiar los hábitos sin cambiar los pensamientos, no vamos a llegar muy lejos.

Te doy tres ejemplos:

- Intentar llegar vírgenes al matrimonio sin saber por qué Dios hizo ese pedido es mucho más difícil que hacerlo entendiendo la lógica del pedido de Dios (y el valor práctico de hacerlo).

- Intentar comer bien es mucho más difícil cuando no conocemos a ciencia cierta la información correcta acerca de lo que comemos y sus efectos en nuestros organismos.

- Intentar ser puntuales sin internalizar primero el valor de nuestra propia palabra y sin valorar el tiempo de los demás es mucho más difícil que si lo intentamos sin esas perspectivas.

Todos tenemos valores inconscientes que son compartidos por la sociedad y que establecen nuestros comportamientos y actitudes en general, con el objetivo de alcanzar nuestra supervivencia y el bienestar colectivo. (Y algo muy interesante es que la gran mayoría de los valores sociales que todos perseguimos surgen a partir de las enseñanzas judeocristianas.)

Los valores son convicciones profundas que definen nuestros pensamientos y la manera en que vivimos y en que compartimos nuestras experiencias con quienes nos rodean. Por eso debemos meditar concienzudamente en ellos. *¿Tenemos valores correctos y profundos? ¿Podemos fundamentarlos y explicarlos con la Biblia? ¿Será que alguna* *vez los tuvimos y ya los olvidamos?*

Mencionemos a modo de ejemplo un valor que todos podemos desarrollar: la generosidad.

Ahora pensemos en este valor:

¿Por qué es importante?

¿A quién le importa que lo desarrolle?

¿Qué dice Dios acerca de la generosidad?

¿Cuál es el beneficio para otros de que yo desarrolle este valor?

¿Cuál es el beneficio para mí de que yo desarrolle este valor?

¿Qué me impide ser una persona todavía más generosa?

Y ahora vamos hacia los hábitos:

¿Qué puedo hacer yo para poner en práctica la generosidad y que pase a formar parte de mi carácter?

¿Cómo puedo lograr que sea un hábito que me sale con naturalidad?

Sin respuestas sólidas, honestas y profundas a las primeras preguntas, las ideas que respondan a las últimas tendrán mucha menos potencia... Y yo sé que la tentación fue leerlas todas rápidamente para ver qué decía después, pero ahora haz la prueba de realmente pensar en tus repuestas, deteniéndote un tiempo en cada pregunta, e incluso yendo a la Biblia para responder la segunda pregunta en profundidad.

¿Listo?

Continuemos entonces.
Los valores son como las barreras de concreto o metal que enmarcan una autopista. Cuidan que mantengamos el curso y evitan que salgamos de la ruta. Nos protegen.

Los valores explican el *por qué* hacer o no hacer algo, y el por qué perseverar y continuar haciéndolo cuando es algo importante, aunque sintamos la tentación de abandonar porque nos cuesta.

LOS VALORES EXPLICAN EL POR QUÉ HACER ALGO, Y EL POR QUÉ PERSEVERAR HACIÉNDOLO AUNQUE SINTAMOS LA TENTACIÓN DE ABANDONAR

Yo sinceramente creo que la razón de que haya tanta gente débil de voluntad en el mundo es que no tienen sus por qués bien claros. Los perdieron en el camino, o tal vez nunca los tuvieron. Y en esto no importa cuántas declaraciones bíblicas hayan repetido desde su niñez, porque una cosa es repetir cosas que nuestro contexto repite, y otra cosa muy distinta es darnos el permiso de dudarlas para ver si en realidad las creemos.
Y es que lo que creemos tiene un control impresionante sobre nosotros. Yo le llamo “el autoritarismo del subconsciente” y por eso es importante dudar, cuestionar, e indagar, para formar nuestros valores.
¿Te sorprende que hable de dudar? También en el libro

"Diferente", escribí un capítulo entero acerca del beneficio de la duda. Es que en él explico que la duda es necesaria para elaborar convicciones firmes y, por ende, valores bíblicos sólidos. Piénsalo bien. Si no tenemos dudas de algo es porque el tema no nos interesa y si tenemos una duda al respecto, es porque queremos saber más.

El problema con la duda es si no hacemos nada con ella. Eso nos esconde la cabeza en el agujero de la ignorancia, y es que tener dudas es natural y hasta saludable, ya que son el mecanismo mediante el cual aprendemos.

Lo que realmente creemos hoy, es porque antes lo dudamos, lo cuestionamos, lo indagamos y lo internalizamos como un valor y es por eso lo que creemos realmente llega a controlar nuestras acciones. Claro está que a veces podemos traicionarnos a nosotros mismos. Es por esa naturaleza de la que hablamos en el capítulo anterior.

Pero con pensamientos firmes tenemos muchas más posibilidades de dar pasos seguros y comenzar así a planificar hábitos que desarrollen esos valores para que lleguen a ser algo más que deseos.

EL SUSURRO QUE NO HAY QUE ESCUCHAR

El nombre de Charles Darwin suele despertar sospechas entre los cristianos, pero no hay dudas de que fue un personaje interesante e influyente. Charles tenía un primo llamado Francis Galton con quien solía discutir distintos aspectos de la ciencia. Este primo había sido un niño genio que a los cuatro años ya leía y escribía, a los seis sabía latín y división y hasta podía recitar pasajes enteros de Shakespeare.

En 1869, Francis publicó su primer estudio científico

acerca de lo que diferenciaba a las personas exitosas de las fracasadas. Para este estudio él había coleccionado biografías de cientos de personas de distintos ámbitos de la vida, y luego de analizarlas y compararlas concluyó que las personas más destacadas demostraban un grado superior de habilidad basada en la práctica, tenían una mayor ambición, y mostraban una capacidad especial para el trabajo esforzado.

Luego de leer las primeras 50 páginas del estudio, su primo Charles le escribió una carta expresando su sorpresa. Darwin estaba asombrado de que Francis no mencionara ni el talento ni el coeficiente intelectual. Su estudio sí hablaba de "habilidad basada en la práctica", pero no de talento, y mucho menos de intelecto. En su carta, Charles específicamente le resaltó:

CON VALORES FIRMES TENEMOS MUCHAS MÁS POSIBILIDADES DE DAR PASOS SEGUROS

"Siempre he creído que la gran mayoría de los seres humanos no diferimos demasiado en nuestra capacidad intelectual. Solo tenemos historias distintas que nos predisponen mejor o no para la ambición y el trabajo esforzado."

Más allá de los aspectos controversiales o inconclusos de su teoría de la evolución, Darwin fue un pionero en describir la diversidad de la flora y la fauna y en estudiar la selección natural y proponer la superación de las especies, por lo que es muy interesante que hiciera esta observación acerca de la superación humana.

¿Estoy tirándole basura al talento? No. ¿Somos todos igual

de talentosos? Es claro que no. Y la capacidad de aprender habilidades sin demasiado esfuerzo evidentemente constituye una ventaja. Pero el punto aquí es que el talento no es garantía de éxito a largo plazo. La premisa es simple y es esta: la stamina supera al talento.

La historia de la humanidad corrobora, desde sus inicios hasta hoy, que quienes alcanzan una influencia extraordinaria a largo plazo no son quienes tienen talento (incluso en muchos casos ese talento está bajo sospecha), sino quienes tienen *stamina*. Resistencia. Una pasión desarrollada con responsabilidad constante, orientada hacia el cumplimiento de un plan.

El talento te puede engañar. Si no tienes demasiado, te puede susurrar al oído que no vale la pena intentarlo. Y si tienes, te puede susurrar al oído que no necesitas entrenar, capacitarte, ni multiplicar ese talento.

El talento puede ser una trampa.

Y es una trampa que tiene publicidad constante. Por ejemplo, a través de tantos programas de TV que premian el talento. Hacemos un show del talento. Pero la *stamina* no es un show.

Algunos de los más perjudicados son los niños. Las historias son miles. ¡Cuántas niñas prodigio y cuántos niños genios fueron luego adultos mediocres! Algunos tuvieron su pico de éxito en la adolescencia y otros deslumbraron mientras eran solteros... pero luego se casaron y no pudieron manejar una vida en la que tuvieran que pensar en otras personas además de en sí mismos.
Al fin y al cabo, los genios no necesariamente son los que

encuentran soluciones más rápido que otros, sino los que piensan en el problema con más paciencia.

AHORA ESCRIBE

Creo en la palabra escrita y por eso escribo libros. La palabra escrita es más poderosa de lo que sospechamos. Las bases de nuestra fe están redactadas en una "biblio"-teca de libros. El fundamento original de la moralidad humana fue escrito por Dios en esas dos tablas que contenían los diez mandamientos.

Las 95 tesis de Lutero que se escribieron en dos o tres páginas, dividieron la historia de Europa. Y, volviendo al principio del capítulo, las constituciones son documentos breves, escritos para proteger a los pueblos de las conductas de los gobiernos de turno.

EL TALENTO NO ES GARANTÍA DE ÉXITO A LARGO PLAZO

Los textos no necesariamente tienen que ser largos para cambiar la historia. Por eso quiero sugerirte que sería muy valioso que, si no lo hiciste hasta ahora, comiences a partir de este capítulo a hacer anotaciones con lo que vayas pensando, concluyendo y decidiendo.

Comienza ya mismo a escribir metas a largo plazo y objetivos a corto plazo que te ayuden a trabajar sobre tus valores y hábitos. Yo escribí un mandato personal para mi vida hace muchos años, y si algún día pasas por mi casa te lo puedo mostrar (aunque deberé matarte después). Y también tengo un cuaderno anillado, de esos baratos, para cada nuevo año, en el que anoto ideas que quiero recordar ya que estoy convencido que todos tenemos ideas brillantes, solo que la mayoría no se materializan porque las olvidamos. Y una de las razones por las que las olvidamos es porque -sí, adivinaste- no las escribimos.

Incluso al escribir es bueno hacerle caso a Steve Jobs cuando decía que "decidir lo que no hacemos es igual de importante que decidir lo que hacemos". Por ejemplo, algunos años atrás en mi cuaderno yo escribí varias veces: "No uses las palabras 'siempre' y 'nunca' cuando estés enojado".

TODOS TENEMOS IDEAS BRILLANTES, SOLO QUE LA MAYORÍA NO SE MATERIALIZAN PORQUE LAS OLVIDAMOS

¿Prefieres usar tecnología para escribir? Adelante. Esto no se trata de papel o pantalla, sino de escribir tus decisiones y tus planes, y de tener acceso fácil a lo que escribiste para editarlo y mejorar las ideas a medida que vas avanzando.

Es igual que en un gimnasio. Puedes hacer a tu gusto cosas diferentes todos los días, o puedes hacerles caso a los mejores entrenadores y aprender a desarrollar rutinas.

Al principio siempre cuesta, ¡y claro que cuesta! Como todo lo que vale la pena. Ahora hablemos de las herramientas.

CAPÍTULO 3

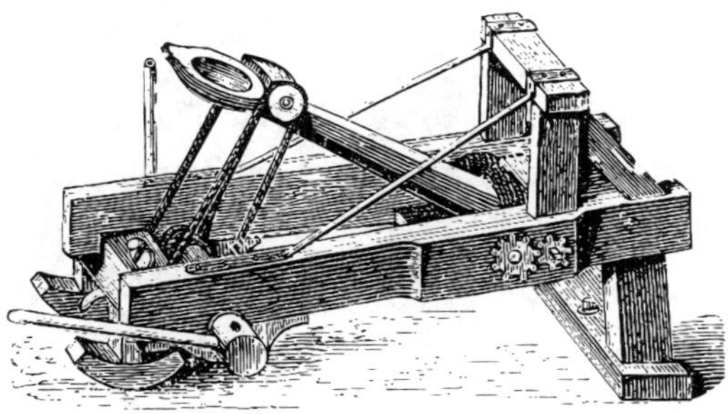

CATAPULTAS

Nunca me hubiera imaginado que iba a conocer a Charlton Heston. Me quedé inmóvil cuando lo vi. Nunca me había pasado, y no recuerdo otra circunstancia en que me haya vuelto a suceder lo mismo. Siempre me creí demasiado cool como para quedarme petrificado ante alguien. Pero en esa ocasión mi asombro le ganó a mi inseguridad, y ahí me quedé.

De pequeño había leído la novela escrita por Lewis Wallace acerca de un joven judío de una familia acaudalada que lo pierde todo por un accidente. Su nombre era Judá Ben Hur, y años más tarde vi la película clásica protagonizada por Heston. Debo decir que cuando vi la película me alucinó, pero al mismo tiempo también me decepcionó porque conocía tan bien la novela original que pude notar algunos cambios entre la película y el libro. (Y mejor ni hablemos de la última versión que salió hace algunos años...)

Ben Hur es juzgado por un incidente involuntario sucedido al paso del nuevo gobernador romano, y termina condenado a las galeras. Las galeras eran los barcos que los romanos usaban para la guerra, en las que había esclavos empujando los remos, y de donde esos esclavos nunca iban a salir.
Allí Ben Hur pasa varios años, pero cierto día, al terminar una batalla naval contra unos piratas, él salva la vida del comandante Quinto Arrio, quien lo libera y lo adopta como hijo. Este suceso cambia todo el curso de la historia de Judá. Precisamente en esa escena de la batalla aparece algo que

al leer el libro cautivó mi imaginación de niño: el onagro. El onagro era el arma de asedio que hoy popularmente llamamos catapulta. La palabra "onagro" es una referencia a un burro o asno salvaje que en tiempos antiguos tenía el mismo nombre, que era conocido por su mal genio y porque podía lanzar a un hombre a larga distancia de una patada, del mismo modo en que este arma lanzaba piedras a una distancia considerable y con relativamente poco esfuerzo, ya sea contra otro barco o contra las murallas enemigas.

Otra de mis películas favoritas que muestra cómo era un onagro es *Gladiador*, con Russel Crowe, y también aparece varias veces en las novelas del Señor de los Anillos.

El principio físico del onagro es fantástico. Esta herramienta de guerra le permitía a un guerrero lanzar piedras con una fuerza increíblemente mayor a la que su cuerpo le hubiera permitido. Las catapultas más grandes tenían que ser operadas por dos o tres soldados, pero, al tener mayor potencia todavía, lograban un impacto superior en el enemigo. Incluso se puede ver en algunas películas que en ocasiones estas herramientas se utilizaban para lanzar a los mismos soldados, con el objetivo de que pudieran subir a los techos de las fortalezas que debían ser conquistadas.

HERRAMIENTAS

Nosotros también necesitamos herramientas. Herramientas que, como el onagro, nos permitan multiplicar nuestras capacidades. Necesitamos disciplinas. Necesitamos abrazar valores bíblicos y cultivar hábitos sanos que nos catapulten hacia nuestra mayor capacidad y nos permitan resistir con mayor fuerza el desgaste de liderar.

Y es que el liderazgo es siempre acerca del futuro. Quien

solo mira hacia atrás, quizás no se haya dado cuenta, pero ya dejó de liderar. Por eso es importante aprender a operar determinadas herramientas que nos pueden lanzar hacia el futuro que Dios quiere que alcancemos. Estas herramientas son las que implementan los valores y hábitos que vamos a desarrollar para incrementar nuestra stamina.

EL LIDERAZGO ES SIEMPRE ACERCA DEL FUTURO

La siguiente lista no implica que no haya otros valores, u otros hábitos que se desprendan de esos valores. Pero estos son los que considero más importantes, y los que vamos a desarrollar en los siguientes capítulos:

- Espiritualidad
- Privación
- Empatía
- Evaluación
- Creatividad
- Equilibrio
- Resiliencia

Las llamaremos catapultas, porque el resultado del esfuerzo que cada disciplina conlleva incrementará nuestra capacidad de influencia a largo plazo.

Ten presente que ninguna de estas herramientas es un destino en sí misma. Ni siquiera la espiritualidad, ya que en el preciso momento en que sintiéramos que llegamos, habríamos retrocedido. Claro que podemos sentirnos felices con los logros intermedios y, de hecho, eso es parte de la vitalidad de la evaluación: si no podemos medir el progreso en un área determinada, es porque estamos estancados o sin rumbo. Entonces recuerda que esta es una lista de herramientas que queremos utilizar, y no de metas que queremos alcanzar.

ESA BÚSQUEDA HASTA EL FINAL

Hace algunos años me crucé con un documental titulado *"Jiro dreams of sushi"* (Jiro sueña con sushi). No creo que haya sido el título lo que me hizo verlo, sino más bien algún error de dedos al tocar la pantalla de la TV del avión. Pero en fin, allí me quedé mirándolo y jamás me hubiera imaginado que ver este documental iba a empujarme a viajar a Japón para escribirte esta historia y algunas otras referencias que aparecerán más adelante en el libro. La historia de Jiro sucede en Tokio, más exactamente en el distrito comercial de Ginza. Este lugar es una especie de Times Square mezclado con Vegas, con luces por todos lados y millones de personas caminando en todas las direcciones.

El lugar se ve brillante, moderno y atractivo, pero entonces la cámara comienza a alejarse de la avenida central hasta meterse y descender por la boca del subterráneo. Allí se va a acercando a un sector comercial de esos que suelen llenar las estaciones con baratijas y comida al paso, hasta que llega a la puerta de un pequeño restaurante que a simple vista no dice nada. Se llama *Sukiyabashi* y de hecho, cuando estuve en persona en el lugar, me costó bastante encontrarlo.

A golpe de ojos es imposible sospechar que para muchos especialistas este es considerado el mejor restaurante del sushi del mundo, y que el precio por comer lo que el cocinero quiera darte ronda los 300 dólares por persona.

Para comer allí hay que hacer una reserva con meses de anterioridad, y el restaurante no tiene un menú, sino que la experiencia consiste en 20 platitos de omakase, que no es otra cosa que lo que sea que vayan a servirte esa noche.

¿Cómo ha conseguido este pequeño restaurante atraer aficionados del mundo entero y conseguir las 3 estrellas Michelín que miles de restaurantes lujosos en el mundo no han podido conseguir?

El secreto es un viejito de más de 90 años llamado Jiro. Él comienza a contar su historia diciendo que cuando tenía siete años su familia estaba pasando mucha pobreza, así que sus padres lo enviaron a trabajar. Pero como él era de contextura muy pequeña, no pudo ir a una carpintería, o trabajar en el campo, así que se ofreció en un restaurante. Fue ahí dónde comenzó a aprender el arte de preparar sushi.

Como todas las personas con *stamina*, Jiro no produce nada que no alcance los estándares que él mismo ha fijado para sus creaciones. Él logra esto de cinco maneras:

Lo primero es que Jiro se ha convertido en un especialista. En un principio, cuando Jiro recién había abierto su restaurante, ofrecía muchos platos distintos además de sushi. Pero con el tiempo se dio cuenta de que la gente no siempre elegía lo mejor, y de que en ocasiones se saciaban con las entradas antes de llegar a los platos principales. Así que Jiro decidió enfocarse cien por ciento en su sushi. Por eso, hoy la propuesta del restaurante son esos 20 platitos de los que el último es el postre, y que van cambiando continuamente según cuál sea el fruto de mar más fresco del día.

Lo segundo es que Jiro se ocupó de desarrollar a sus mejores proveedores. Él usa los mejores ingredientes porque estableció relaciones a largo plazo con los mejores proveedores. Por ejemplo, estableció una relación tan fuerte con quien considera el mejor productor de arroz, que este proveedor no le vende su clase especial de arroz a nadie más sin el permiso expreso de Jiro. La lealtad de ambos es tal, que el productor sabe que debe guardar su mejor arroz para Jiro porque Jiro hará el mejor sushi con su arroz. Y lo mismo sucede cada mañana cuando el hijo de Jiro va en su bicicleta al mercado *Tsukiji* a buscar pulpo, camarones o atún. Cada proveedor es un especialista con el que se ha forjado una relación tan significativa, que está comprometido a darle a Jiro lo mejor y solo lo mejor.

Lo tercero es que Jiro estableció una ética de trabajo por la que se asegura de siempre dar su mejor esfuerzo. Luego de la segunda guerra mundial, en la reindustrialización de Japón se asentó la idea de *Kaizen* (que se hizo muy conocida por la industria automotriz), la cual destaca la importancia del esfuerzo extra. Esta filosofía llevada a la práctica en el restaurante de Jiro hace que, por ejemplo, sus aprendices masajeen el pulpo durante 45 minutos, en vez de los cerca de 30 minutos que antes de Jiro ya se consideraban exagerados por el resto de los restaurantes. El concepto es darles a los clientes la comida más tierna que jamás hayan probado.

LA PERFECCIÓN ES UN ESTADO DE BÚSQUEDA

Lo cuarto es que todos los que trabajan en el restaurante están haciendo pequeñas pruebas de todos los ingredientes durante todo el día. Este es el principio de la evaluación continua. Los empleados prueban cada bocado, porque la idea es que entre todos descubran si algo no es óptimo antes de que pueda llegar a un cliente.

Y lo quinto, y quizás lo más importante, es que Jiro es un *shokunin:* alguien que personifica el espíritu del artesano en la búsqueda continua de la perfección. No una perfección perseguida con ansiedad y deseos egoístas, sino una búsqueda amorosa, paciente, detallista y fiel en el servicio a sus clientes. Tal como Jiro mismo lo afirma: "La perfección es un estado de búsqueda, y no un resultado".

CAPÍTULO 4

UNA ESPIRITUALIDAD SIN ÍDOLOS

La vida espiritual genuina es como una niña pequeña, inquieta por saber, conocer y tocar todo. Por eso me emociona cuando encuentro líderes con esa humildad espiritual e intelectual que les mueve a no quedarse estancados en lo que ya conocen o saben.

Pero claro, no todos los líderes cristianos manifestamos esta inquietud. Algunos la tuvimos pero luego la perdimos y eso me hace preguntar por qué es tan evasiva y difícil de hallar, o por qué a veces es tan breve y pasajera...

A MUCHOS DE NOSOTROS NOS HA RETUMBADO EN LA CONCIENCIA ESTA PALABRA: TIBIOS

Continuamente me topo con personas que parecen haberle bajado los brazos a su desarrollo espiritual. Y no me refiero a lo que se nota en un escenario. Me refiero a líderes malhumorados, que no exhiben entusiasmo casi por nada, y que no se comprometen con nada que no sume a sus aspiraciones personales. Cuando noto eso, sospecho que más allá de que puedan tener una buena performance en público, algo se les está muriendo de inanición por dentro.

Pastores agotados.
Padres rendidos.

Jóvenes cínicos.
Líderes estancados.
Predicadores en una eterna soledad.
Y muchos ojos apagados.

A muchos de nosotros, y en más de una ocasión, nos ha retumbado en la conciencia esta palabra del libro de Apocalipsis a la iglesia de Laodicea: *tibios.*

Juan lo relaciona con perder el primer amor. Es decir, no específicamente con conductas externas, sino con una realidad interior y por eso es indispensable responder esta pregunta urgente:

¿Cómo se recupera un amor perdido?
O, en el matiz de lo que estamos dialogando: ¿Cómo podemos incrementar la stamina de nuestro amor por Dios?

Cada vez estoy más convencido de que una de las razones por las cuales muchos dejamos de avanzar es porque en demasiados círculos cristianos solo gravitamos alrededor de una espiritualidad demasiado extraterrestre, que solamente tiene que ver con lo externo y que, irónicamente, es a la vez increíblemente terráquea porque se parece muchísimo a lo que aspira el mundo. Creemos que la santidad se circunscribe exclusivamente a las conductas, y no percibimos su relación con los vicios del corazón. Y así vamos perdiendo el foco.

Gradualmente.

Dejamos de direccionar las intenciones de nuestros corazones hacia Dios, y vamos reemplazando esa dirección interior con conductas externas que otros puedan alabar. Es lo mismo que hizo que el pueblo de Dios construyera un Baal cuando Moisés no bajaba del monte con la presencia fresca y la dirección clara de parte de Dios. Piensa por un momento: *¿Tenía algo de malo la estatua en sí misma?* Claro que no. Era una expresión artística, y probablemente fuera muy impresionante en términos estéticos. El problema no estaba en la estatua, sino en asignarle un valor que no tenía. Ese era el pecado de la idolatría. Si esa estatua hubiera estado en otro lado, y no en el centro del pueblo, y si no se le hubieran asignado atributos de "deidad", entonces la estatua hubiera sido solamente una escultura embelleciendo su entorno con la expresión y belleza que le dio su artista, y nada más.

CREEMOS QUE LA SANTIDAD SE CIRCUNSCRIBE EXCLUSIVAMENTE A LAS CONDUCTAS, Y NO PERCIBIMOS SU RELACIÓN CON LOS VICIOS DEL CORAZÓN

Míralo a tu alrededor. Algunos sermones, canciones, y libros, dan a entender que ser espiritual es sinónimo de no enojarse, de hablar *"cristianés"* (con declaraciones continuamente exitistas), y de atribuirle a Dios todo lo que pasa. Pareciera ser que los espirituales son esas personas que no tienen TV, que casi no van al cine, que cuando oran siempre están al borde de las lágrimas, y que cuando cantan siempre terminan arrodillados.

¿Creo que tienen algo de malo esas expresiones o conductas? ¡Claro que no! Pero fíjate que son todas cosas fáciles de ver

y de aparentar. Lo cual me lleva a otra pregunta: *¿Hay una espiritualidad que no demande expresiones tan vistosas a los ojos de otros, pero que seduzca a otros con el carácter de Cristo en nosotros, y que, sobre todo, nos haga a nosotros explotar de vida?* ¡Claro que sí!

ASPIRACIONES

Si miramos la realidad con agudeza vamos a tener que admitir que la vara con la que hoy evaluamos nuestra espiritualidad y la de otros tiene bastante en común con la vara con la cual la sociedad de hoy mide el éxito.

¿Por qué hay personas que parecen tenerlo todo pero no pueden disfrutarlo?

¿Tendrá algo que ver con lo que creemos acerca del éxito?

¿Qué es el éxito exactamente?

LAS RIQUEZAS, EL PODER, Y EL PRESTIGIO SON LOS BAALES MODERNOS

Obviamente, el éxito toma formas diferentes para personas distintas. Pero en un sentido global, la sociología sugiere que el común de los humanos consideramos "exitosa" a una persona que ha conquistado los siguientes premios: riquezas, poder y prestigio y lo interesante es que, aunque alguien haya conseguido uno de ellos, raras veces se siente satisfecho hasta conseguir los otros dos. Y ni hablar de que cada uno de estos logros es tan adictivo, complejo y subjetivo, que la persona nunca encuentra una medida de cuándo es "suficiente."

Las riquezas, el poder, y el prestigio son los baales modernos. *¿Tienen algo de malo en sí mismos?* Como en el caso de la estatua de Éxodo 32, claro que no. El problema está en adorarlos. *¿Eso quiere decir que no hay que desearlos?* Claro que no. No creo que sea honesto decir que alguien puede evitar completamente el que sean parte de sus deseos, o incluso de sus objetivos profesionales porque definitivamente pueden embellecer nuestro entorno, pero la atención que les damos no puede estar en el epicentro de nuestras sensaciones y acciones y por eso es tan importante aprender a limpiar nuestras aspiraciones. *¿A qué le damos el centro de nuestra atención? ¿Qué nos mueve?*

En el sentido más orgánico, germinal y visceral: *¿cuál es el oxígeno que respiran nuestras vidas?*

Si al intentar responder estas preguntas descubrimos que estamos intoxicados por la vara de medir de la cultura contemporánea, entonces necesitamos algunas medidas para desintoxicarnos... y las necesitamos urgentemente.

LA VERDADERA BELLEZA DE LAS DISCIPLINAS ESPIRITUALES

Me costó muchos años entender que la espiritualidad no es una formula. Es una relación. No es una competencia, ni un examen, ni un premio. No es lo que yo hago. Es lo que Él hace cuando estoy con Él, y en cuanto a mi responsabilidad humana, ese debe ser mi único foco: acercarme, mantenerme cerca, y volver continuamente a estar cerca para que Él me siga transformando.

LA ESPIRITUALIDAD ES UNA RELACIÓN

¿Qué me puede alejar? Ni siquiera el pecado (Romanos 8.33-39). Pero sí mi desconfianza, o, en un sentido activo, mi confianza en baales.

Yo he descubierto lo siguiente: Los más grandes saboteadores de nuestra vida espiritual suelen ser el ego y la culpa (los cuales caminan de la mano cuando nadie los mira). En un oído, como un mentiroso hambriento, inseguro y con pensamientos vergonzosos, el ego te hace creer que puedes seguir mordiendo la manzana de la autosuficiencia; mientras que en el otro oído quien te susurra es la culpa, diciéndote que ya lo intentaste, que ya trataste, y que si ahora estás aquí, qué sentido tiene volver a intentar...

A estos dos mentirosos hay que callarlos, sin importar cuánto de la religión que heredamos de nuestros antepasados pareciera subirles el volumen; y para hacerlo, existen algunas disciplinas, que no son objetivos en sí mismas, sino facilitadoras de esa cercanía constante que necesitamos.

Las disciplinas clásicas incluyen la oración, el estudio de la Palabra, la adoración, y en todo caso el servicio. Pero quisiera llevarte ahora y en el siguiente capítulo a descubrir (o redescubrir) algunas otras disciplinas que en la iglesia actual tenemos bastante olvidadas a la vez que reconsideramos una de las clásicas, porque creo que la hemos bastardeado. Comencemos con dos de las menos practicadas de manera intencional:

EL RETIRO

Una de las ambigüedades humanas que me sigue intrigando es esa tensión que la mayoría de nosotros experimentamos entre nuestro apego al ruido y nuestra necesidad de silencio. Desde nuestra niñez, un gran número de nosotros le tenemos pavor al fantasma de la soledad, y por eso buscamos estar con otros. Necesitamos la compañía. Nos energiza su ruido. Pero, curiosamente, también nos drena. Tarde o temprano, todos llegamos a la conclusión de que un poco de soledad y silencio pueden venirnos muy bien. Y eso es lo que facilita la disciplina del retiro.

EN LA SOLEDAD SE VALORAN MEJOR LAS PRESENCIAS

El retiro no es "un lugar", ni "a un lugar". Es cierto que elegir un sitio apropiado ayuda, así como una pantalla más grande te deja ver mejor las aplicaciones, pero la disciplina del retiro implica mucho más que ir a un lindo lugar a descansar. Jesús entendió bien esto y, de hecho, el retiro más evidente que practicó fue en un desierto. Puedes leerlo en Mateo 4.1-11, y nota que Jesús no pasaba por allí. Él fue allí *voluntariamente*. Su búsqueda de silencio y soledad fue intencional. Por eso estamos hablando de una disciplina.

En el silencio escuchamos mejor. Las voces se perciben más completas. Y en la soledad se valoran mejor las presencias. Yo tengo un particular aprecio por esta disciplina, y desde hace ya muchos años separo el primer fin de semana de Enero para un retiro personal. En este momento de mi vida considero que lo más valioso que poseo, además de mi fe y mi familia, es mi tiempo. Así que le entrego al Señor las primicias de cada año para arrancar el calendario dándole a Él el primer lugar.

Este retiro lo hago en lugares diferentes, a los cuales, salvo excepciones, puedo llegar manejando tan solo un par de horas. Y aprendí que los que más me ayudan son los que tienen un gran espejo de agua. El agua colabora con mi calma, y la experiencia más o menos transcurre así:

El día en que llego no pretendo lograr demasiado silencio interior. Simplemente me acomodo en el lugar y le confirmo a mi esposa Valeria que llegué bien. Luego me desconecto de cualquier electrónico, y hago una buena caminata para recorrer los alrededores y elegir a dónde iré a comer en los próximos días. también comienzo con algún libro escogido de la Biblia que voy a leer completo. El arreglo con Valeria es que la llamo en la noche y en la mañana para asegurarme de que todo esté bien en la familia, pero el resto del tiempo mi teléfono permanece apagado, así como están apagados los emails y las noticias de lo que sea.

Cada año, el primer día completo luego de la llegada me doy cuenta cuánto ruido tengo encima. Así que casi todo el primer día lo uso leyendo algunos libros que elegí de antemano, y también comienzo a leer de algún libro de la Biblia que voy a leer completo como unidad durante el retiro.

Aunque he tomado algunos retiros más largos o más cortos, en general estos retiros suelen durar cinco días, contando cuatro noches porque la primera es simplemente para alejarme, y recién pasada la segunda mi espíritu verdaderamente se empieza a serenar y a encontrar claridad. El tercer día y el cuarto son los mejores. Pierdo un poco la noción del tiempo, y ambos días se van entre oraciones fluidas, lecturas, y preguntas y notas escritas en un cuaderno. El cuarto día probablemente comience a escribir. Luego el quinto día regreso a casa, y así no solamente tuve un tiempo de renuevo con el Señor, sino que debo decir que la mayoría de mis proyectos más ambiciosos, e incluso la mayoría de los libros que he escrito (como este mismo que estás leyendo) nacieron en esos retiros. Aunque no hayan sido la motivación al planear el retiro, fueron consecuencias directas.

El aspecto más importante de un retiro es el silencio, pero la antesala de un buen retiro es el descanso. Dormir sin el subconsciente pensando a qué hora debemos despertarnos y qué debemos hacer al día siguiente es una sensación muy fresca para quienes tendemos al activismo. Si eres alguien con rutinas muy marcadas, el primer día no podrás evitar despertarte a la hora de siempre (como suele ocurrirnos los sábados), y por eso es importante que el retiro no sea demasiado corto. Un día de retiro, o dos, es mejor que ninguno, pero insisto en que si lo que buscamos es facilitar el silencio interior, esto no se logra de repente.

Ahora hablemos del corazón del retiro: el silencio. El sabio autor del libro de Eclesiastés escribió con inspiración divina que hay un tiempo para hablar y hay un tiempo para callar (Eclesiastés 3.7). La disciplina del retiro es un tiempo dónde intencionalmente nos callamos. Lee atentamente este texto:

"Cuando entres en la presencia[1] *de Dios, ten abiertos los oídos y cerrada la boca. No seas como el necio que ni siquiera reconoce que es pecado hacerle a Dios promesas temerarias, pues él está en el cielo y tú aquí abajo en la tierra; sean, pues,*

1- Par frasis del autor.

pocas tus palabras. Así como el exceso de ocupaciones produce pesadillas, la necedad te convierte en un necio que dice tonterías. Así, cuando le hables a Dios y le prometas hacer algo, no tardes en cumplirlo. Cúmplele lo prometido. Es mejor no decir que se va a hacer algo, que decirlo y no hacerlo. En este caso, la boca te hace pecar." (Eclesiastés 5.1-7)

¡Qué palabras tan claras y poderosas! Sin embargo, no he escuchado muchos sermones al respecto...

El audaz Dietrich Bonhoeffer afirmó que: *"El silencio real, la tranquilidad real, el hecho de realmente frenar uno la lengua, solo viene como la consecuencia sobria de la tranquilidad espiritual"*. El controlar la lengua es todo un ejercicio espiritual, y solo los más sabios de entre los sabios logran hacerlo. Por eso la disciplina del retiro es también un camino para ampliar nuestra stamina espiritual, ya que nos descansa de palabras vanas, de ruidos innecesarios y de compañías que demandan.

LA DIVERSIÓN

La mayoría de los líderes cristianos conocemos de memoria el texto de Nehemías 8.10 que dice que *"el gozo del Señor es nuestra fortaleza"*. Sin embargo, *¿será que en verdad entendemos lo que afirma?*

En alguna parte del trayecto del oscurantismo del medioevo, la Iglesia Católica se convenció de que reírse era subversivo, carnal y peligroso. El movimiento monástico de principios del primer milenio, con su fuerte regresión a la filosofía griega, lo consideró poco espiritual y una falta de respeto a Dios. Como efecto colateral, el cristianismo se fue despegando de la palabra "fiesta", que en su etimología original indicaba la llegada de una ocasión para celebrar las bondades de Dios. De hecho, las fiestas eran una de las razones por las que el pueblo de Dios ganó fama en la antigüedad, ya que Dios mismo les había ordenado establecer un calendario específico de... ¡fiestas! (Levítico 23.4-44)

El italiano Umberto Eco publicó a finales del siglo pasado una premiada novela (luego convertida en película) titulada *"El nombre de la rosa"*, en la que narra la investigación sobre la muerte de unos monjes en una abadía italiana en el invierno de 1327. Casi toda la historia circula alrededor de una gran y misteriosa biblioteca, y los protagonistas son Guillermo de Baskerville y su ayudante Adso Melk, que son los investigadores. Pero el personaje más tenebroso es Jorge de Burgos, el bibliotecario, a quién dejo que Umberto te presente en las palabras de Guillermo:

"Era un monje encorvado por el peso de los años, blanco como la nieve; no me refiero solo al pelo sino también al rostro, y a las pupilas. Comprendí que era ciego. Aunque el cuerpo se encogía ya por el peso de la edad, la voz seguía siendo majestuosa, y los brazos y manos poderosos. Clavaba los ojos en nosotros como si nos estuviese viendo, y siempre, también en los días que siguieron, lo vi moverse y hablar como si aún poseyese el don de la vista. Pero el tono de la voz, en cambio, era el de alguien que solo estuviese dotado del don de la profecía."

Que un ciego cuide una biblioteca es obviamente una ironía de Eco y (*spoiler alert:* si no leíste el libro ni viste la película, mejor saltéate esta parte y continúa leyendo directamente el próximo párrafo) luego toda la trama va descubriendo que el bibliotecario no quería que los monjes leyeran un libro que hablaba nada más y nada menos que ¡de la risa! La risa le parecía peligrosa para la religión porque según cómo le habían enseñado, no podía concebir que a Dios le gustara el humor, y además, siendo un hombre inteligente, sospechaba que si el humor se transformaba en una operación del intelecto, entonces no habría institución humana que la resistiera.

El gozo es parte del fruto de una espiritualidad madura (Gálatas 5.22) y su compañera, la diversión, es un vehículo para facilitar su desarrollo.

EL GOZO ES PARTE DEL FRUTO DE UNA ESPIRITUALIDAD MADURA Y LA DIVERSIÓN ES UN VEHÍCULO PARA FACILITAR SU DESARROLLO

Reír y divertirse son un tema serio. Al reírnos, el cerebro provoca la segregación de varias sustancias, como la serotonina que alivia el dolor y facilita el sueño, y las endorfinas que potencian la memoria, fortalecen el ritmo cardiaco y combaten la depresión. El divertirte reduce tu stress, oxigena tu cerebro, y hasta eleva tus niveles de inmunoglobina A (IgA), que es la primera línea de defensa que nos protege de las infecciones. Por todo esto es que tenemos que asegurarnos un buen ritmo de diversión en nuestra vida. ¡Sí, como una disciplina!

Lamentablemente, todavía hoy en muchos ámbitos cristianos la palabra diversión, o incluso la risa, son miradas con un tinte de desprecio, asumiendo que siempre son un aspecto superficial de la vida. Pero debemos dejar esta idea tan ignorante atrás y comenzar a ser intencionales en crear espacios de diversión, juego y risa en nuestras rutinas.

¿Qué te estoy recomendando, en términos prácticos?

- Juega con tu familia. (Y no me refiero que tengas el deseo de jugar, o a que les prometas que vas a jugar, sino a que *juegues*).

- Juega con tu equipo de trabajo. (Marca en tu calendario fechas especiales para hacerlo. ¡Organiza fiestas! Y si eres el líder de un grupo de líderes, alterna entre organizar la diversión y divertirte también. Incluso estate abierto a salirte del calendario para encontrar otros espacios de diversión).

- Pasa tiempo con amigos comiendo bien y riéndote.

- Invierte en buenas vacaciones. Tú las necesitas y, aunque no lo sepan, o no te lo digan, la gente a tu alrededor necesita que te las tomes.

Busca ahora mismo en la Biblia el texto completo de Nehemías 8.10 y léelo en su contexto y en distintas traducciones. Estúdialo y te ayudará a callar las voces de rigidez de la culpa y el ego. Nuestros tiempos de diversión deben ser una decisión, y no un accidente.

CAPÍTULO 5

LA FORTALEZA DE LA PRIVACIÓN

En una cultura que idolatra la acumulación y el placer, pensar en privarnos intencionalmente de algo suena golpista. *"¿Por qué vas a privarte de algo si tenerlo o hacerlo está al alcance de tu mano?" "¡Sé libre!" "¡Ve por tu sueño!"* Todas estas son frases y razonamientos pop en una sociedad hedonista como la de hoy, y que tienen también sus réplicas en el lado cristiano de la realidad. *¿Por qué es valiosa la disciplina de la privación?* Porque en el ejercicio voluntario de la privación se encuentra el secreto de la paciencia y el perfume de la satisfacción. De hecho, esta es la verdadera motivación, por ejemplo, detrás del ayuno como instrucción bíblica.

EN EL EJERCICIO VOLUNTARIO DE LA PRIVACIÓN SE ENCUENTRA EL SECRETO DE LA PACIENCIA Y EL PERFUME DE LA SATISFACCIÓN

El ayuno es la versión más conocida de la disciplina de la privación, y te confieso que inicialmente pensé en llamarla así, pero luego me abstuve porque el imaginario cristiano de las últimas décadas ha enseñado que el ayuno se refiere exclusivamente a la privación de comida y hay muchos cristianos que confunden la disciplina espiritual del ayuno con una huelga de hambre para lograr que Dios haga algún milagro que deseamos. Nope.

El ayuno no es para extorsionar ni para impresionar a Dios. Incluso me atrevo a ir más allá y a afirmar que el ayuno no es para Dios, sino para nosotros. Como el resto de las disciplinas. El objetivo del ayuno es acercarnos, mantenernos cerca y volvernos a acercar a Dios, deshojándonos de todas las distracciones, culpas y banalidades que continuamente nos hacen perder el foco de su gracia.

EL AYUNO NO ES PARA EXTORSIONAR NI PARA IMPRESIONAR A DIOS

Nuevamente, parte de la culpa por las ideas incorrectas que tenemos acerca del ayuno se la debemos a la Iglesia Católica de la era medieval, aunque incluso podemos ir más atrás y encontrarnos con aquellos judíos que en tiempos de Jesús eran llamados "fariseos". En ambas épocas el ayuno era practicado con muchos reglamentos y con el fin último de exhibir una disposición a la autoflagelación. El objetivo no era controlar el hambre, sino demostrar que se podía hacer sufrir a la carne. Qué delgada es la línea que separa la religión humana de una relación divina, *¿cierto?* Por eso Pablo les escribe a los Colosenses:

"... ¿por qué se someten, como si fueran todavía del mundo, a reglas tales como: «no toques eso, no comas aquello, no lo tomes en tus manos»? Esas reglas son puramente humanas, que con el tiempo van perdiendo valor. Podrán parecer

muy sabias tales reglas, ya que para obedecerlas hay que ser devotos de veras, y porque son humillantes y duras para el cuerpo, pero de nada sirven en lo que a dominar los malos pensamientos y deseos se refiere. Puesto que ustedes resucitaron con Cristo, fijen la mirada en las cosas de arriba, donde está Cristo sentado junto a Dios en el sitio de honor. Llenen sus pensamientos de las cosas de arriba y no en las cosas de este mundo." (Colosenses 2.20-3.2)

El ayuno y la privación no son para ganar favores del cielo ni para lucirnos en la tierra. El objetivo es crearnos margen. Facilitar que estemos satisfechos con menos. Controlar el hambre de comida, de aprecio, de likes y de otras cosas nos ayuda a evitar que las estatuas del dinero, el poder y el prestigio se fijen en medio de nuestro campamento como deidades.

La Biblia habla mucho acerca del ayuno. Moisés, Elías, David, Ester, Daniel, Ana, Pablo y Jesús, todos ellos ayunaron. Y también lo hicieron Lutero, Calvino, Wesley y Jonathan Edwards, para mencionar algunos héroes de la fe más cercanos. Pero te llevo a pensar más allá de las fronteras de la fe, porque esta no es una disciplina exclusiva de los cristianos. Te invito a meterte en el entrenamiento privado de cualquier atleta top de la actualidad. Los mejores deportistas conocen muy bien la disciplina de la privación. Ellos saben decirle que no al impulso de comer y dormir de manera desordenada. Saben controlar sus ritmos cardíacos, sus niveles de glucosa y la cantidad de calorías que consumen por día, y no lo hacen por placer, sino porque entienden el valor de la disciplina.

Lo mismo sucede con los mejores empresarios, los mejores científicos, e incluso los mejores artistas. Todos ellos se privan de muchas cosas con tal de perfeccionar su talento. Claro, ellos han convertido muchos de estos sacrificios en un hábito, y podríamos pensar que ya no les cuesta tanto... Bueno, ¡justamente esa es la razón por la que te digo que esta disciplina esconde el perfume de la satisfacción! Esta disciplina tranquiliza nuestras vísceras y va logrando, de a poco, que nos encontremos satisfechos con mucho menos, aunque podríamos tener más.

EL AYUNO SIN ORACIÓN ES TAN SOLO UNA DIETA

Mira con atención. Aunque en la Biblia se mencionan algunos ayunos colectivos, al leer con ojos atentos te das cuenta de que el ayuno era prioritariamente una cuestión privada. Era un ejercicio de superación personal con un propósito espiritual, que podía ser algo regular o ante una situación especial y este es el eje, las personas no ayunaban para demandar algo de Dios, sino para demandar algo de sí mismas.

Cuidado, quiero ser claro en esto. Acabo de decirte que el ayuno no es para Dios sino para nosotros, pero definitivamente debe ser *con* Dios. El ayuno sin oración es tan solo una dieta.

Lo bueno de esta disciplina es que nos ayuda a ejercitar nuestro dominio propio, así como hacer pesas en un gimnasio nos ayuda a ejercitar nuestros músculos. Y retorno a la idea de que no solamente se trata de comida. Hoy puedes ayunar con cosas tan cotidianas pero poderosas como el teléfono, la televisión, o incluso el ministerio. A veces un buen ayuno puede consistir en privarte de asistir a algún evento en el que particularmente te convendría participar... ¡Verás que es poderoso poder decir que no con gozo!

Cierro esta idea con un testimonio personal que quizás te resulte un poco curioso. Un día mirando mi guardarropa me di cuenta de que tenía demasiada ropa que no usaba. Entonces, en vez de solamente pensar en regalarla, me pregunté: *¿cómo es que llegué a tener tanta ropa?* Para que entiendas mi contexto, vivo en Estados Unidos, donde no es proporcionalmente caro comprarse alguna prenda bastante seguido. Me di cuenta que sin notarlo, simplemente me había habituado a comprarme ropa sin necesitarla, y en ese momento entendí que debía privarme de comprar ropa por un tiempo. Me hice consciente de que era un hábito de apetitos pasajeros, y que la raíz quizás fuera vestir mis inseguridades, a la vez que una insensibilidad respecto a las necesidades de otros. Así que por diez meses completos, cada vez que sentía el impulso de comprarme ropa porque sí, tomaba nota mental del precio y luego separaba ese dinero para usarlo para bendecir a otras personas. No voy a decirte cuanto ahorré porque te asustarías pero por seguro que este proceso me bendijo a mí y a otras personas con las que fui generoso a raíz de este ejercicio.

LA SUJECIÓN

Hablemos ahora de una privación que tiene una conexión muy particular con el Baal del poder.

En los aeropuertos veo muy seguido la palabra *control*. Está el control aéreo, el control de pasajeros, y si hojeas cualquier revista o le das una mirada a las librerías, te sorprenderás de la cantidad de variaciones de esta palabra que podrás encontrar. El autocontrol y cómo controlar el peso son dos de las variantes más populares, y si bien las otras disciplinas tienen bastante que ver con la gestión de la voluntad y, por ende, con el control de nuestros apetitos humanos, la disciplina de la sujeción quizás sea la más brusca y contracultural porque tiene que ver con darle voluntariamente el control de nuestra vida a otras personas.

¿Te suena radical? ¡Me imagino! Y es que esta disciplina te empuja en una dirección que va directo hacia una colisión con la cultura actual, y es una blasfemia para el imperio del yo.

¿Yo, rendirles cuentas a otras personas acerca de mi vida?

NO IMPORTA CUÁN LEJOS HAYAS LLEGADO, NO ERES INFALIBLE Y NECESITAS LA OPINIÓN DE OTROS

Sí. Lo necesitas.

Todos necesitamos que otras voces hablen a nuestra vida. No importa cuán lejos hayas llegado, o cuán brillante seas, no eres infalible y necesitas la opinión de otros, e incluso otorgarles autoridad sobre tu vida a otras personas.

¿Te suena extraño lo que te estoy diciendo? Repito que ¡me imagino! Sobre todo si estás en el ministerio hace muchos años. O también si, por el contrario, recién estás comenzando y te mueres de ganas de pronto ser la persona que puede darle órdenes a todos los demás.

Sin embargo, todos necesitamos rendirles cuentas de nuestras vidas a otras personas porque la historia está llena de hombres y mujeres que fueron grandes líderes pero que luego dejaron de serlo por haber llegado a un punto donde creyeron que no necesitaban escuchar a nadie. Líderes que se envanecieron y comenzaron a creer que su criterio era siempre el correcto, por estar rodeados de subordinados con el único designio de cumplir órdenes pero sin la posibilidad de contradecirlos, de cuestionarlos, y mucho menos de corregirlos. Sin darse cuenta, estos líderes comenzaron a asumir que nunca iban a equivocarse, y así, de a poco, con ese permiso de su contexto, comenzaron a decir o hacer cosas incorrectas que terminaron por truncar sus carreras o sus ministerios.

Déjame confesarte antes de seguir que yo también tengo dificultad con esta disciplina. Soy rebelde por naturaleza y por crianza. Nunca me fue atractivo sujetarme a la autoridad, en particular en mis años de escuela, y menciono la crianza porque sobre todo mi mamá me enseñó (con palabras y sin ellas) a cuestionar siempre el porqué de las cosas y a tomar la iniciativa para hacer lo que es correcto aunque nadie más lo haga. Mi mamá se crio en una zona semi-rural y a los seis años se fue a inscribir sola a la escuela porque notó que sus padres no iban a hacerlo. Fue la única de sus nueve hermanos que terminó la universidad, y se recibió de medicina con una especialización inusual (hebiatría) porque quería ser pionera en algún campo, así como lo fue al ser la primera mujer presidente de la juventud de su denominación. Mi mamá me repitió hasta el cansancio que el carácter es más importante que la posición de un hombre, y por eso los títulos nunca me impresionaron demasiado. Pero también me insistió con que todos daremos cuenta solamente por nuestra vida, y si bien creo que hay verdad en esa afirmación, su influencia tal vez no me preparó para ser demasiado sensible a las opiniones de otras personas; y por eso, esta disciplina es quizás con la que debo ser más intencional.

¿Cuál es el valor de sujetarnos aunque seamos líderes?

El no apoyarnos sólo en nuestra propia sabiduría.

Y claro, tú tal vez quisieras responderme que podemos escuchar a otros sin la necesidad de otorgarles autoridad. Y es cierto. Sin embargo, el que otros tengan autoridad sobre tu vida expone tu corazón y protege tu conducta de una manera mucho más poderosa. Porque una cosa es que quieras escuchar, y otra distinta es que estés obligado a hacerlo. Esa es una protección mucho más concreta contra envanecerte en tu propia opinión.

Te doy un ejemplo. En E625, la organización que lidero y que por la gracia de Dios es fruto de mi iniciativa, tenemos dos "boards" o comisiones directivas. Una es ante la ley, como organización sin fines de lucro. La otra es la comisión editorial, que está formada por un grupo de pastores que deciden conmigo lo que E625 publica. En ambos casos, los miembros de estas comisiones me escuchan, y nadie duda de que soy quien ejecuta el liderazgo. Sin embargo, los primeros aprueban o desaprueban el presupuesto que yo propongo, y los segundos aprueban o desaprueban las ideas respecto a los libros que publicaremos. En el caso del board de la asociación sin fines de lucro, para poder tener exención de impuestos en los Estados Unidos la ley dispone que debe haber personas sin intereses económicos en la vida de la organización que tengan autoridad en cuanto a las finanzas, ya que así el gobierno se asegura de que el permiso para figurar como asociación sin fines de lucro no es una ventaja de alguien queriendo enriquecerse al no pagar impuestos, sino que se está cumpliendo una misión de beneficio social (en nuestro caso, la educación en valores) y que la administración se hace de manera grupal con personas involucradas que no están velando por su bolsillo.

QUE OTROS TENGAN AUTORIDAD SOBRE TU VIDA EXPONE TU CORAZÓN Y PROTEGE TU CONDUCTA

Los miembros de este board deciden mi salario y en qué puedo y no gastar en el transcurso del año, aunque sea principalmente mi esfuerzo el que genera los recursos de la organización. Esto trae transparencia y garantiza que cada centavo es usado con una buena mayordomía.

En el caso del board editorial, no fue la ley quien me lo impuso, sino que fue una decisión intencional mía porque quería que este grupo de consejeros tuviera el poder de corregirme, y de torcerme el brazo de ser necesario, para protegerme de errores prácticos o éticos en las decisiones sobre lo que publicamos. *¿Qué estoy logrando al sujetarme voluntariamente a este board?* Me estoy protegiendo de mí mismo, estoy sumando voces sabias en la planificación, y estoy recordándome lo que sienten otros cuando yo les digo que sí o que no a lo que ellos quieren hacer en el ministerio.

Ahora, cuidado. Quiero que comprendas bien que esta disciplina va más allá de lo práctico, y que también tiene que ver -otra vez- con el corazón. Como dice Richard Foster: *"La enseñanza social más radical de Jesús fue la total reversión que hizo de la idea humana de la grandeza"*. La sujeción tiene que ver con fortalecer nuestro corazón para resistir a esos baales que mencionamos al principio del capítulo, ya que nos protege de los "aires de grandeza". El que otras personas participen de nuestras decisiones le agrega transparencia a nuestra conducta. Nos ayuda a mantenernos alejados de los rincones del secreto... esos rincones donde pueden salir a la luz nuestros peores instintos. Trae claridad a nuestros proyectos, e incluso puede hacerlo con nuestras finanzas y relaciones, porque hay personas cerca de nosotros a las que tenemos que darles cuenta y no solamente órdenes.

A medida que vamos creciendo y avanzando en el ministerio (e incluso a medida que vamos cumpliendo años) vamos teniendo más oportunidades de dar órdenes que de recibirlas. De hecho, si eres alguien que hasta ahora ha hecho una buena mayordomía de sus oportunidades de liderar, probablemente a tu alrededor haya muchas personas listas para seguir tus deseos. La pregunta que debes hacerte es si en verdad quieres terminar tu vida rodeado solamente de empleados y subordinados. Humanamente esto puede sonar muy atractivo, pero no es una buena medida para alguien que entiende el poder del pecado. Yo tiemblo cuando conozco líderes cristianos que no le rinden cuenta a nadie respecto de sus vidas y de sus decisiones, porque tuve la oportunidad de ver de cerca cómo alguien que levantó un gran ministerio fue la misma persona que lo destruyó por creer que siempre debía tener el control de todo y que siempre estaba en lo correcto. Lo vi con mis propios ojos y también lo estudié en docenas de biografías, porque la historia humana está llena de ejemplos de personas que comenzaron muy bien, llegaron a tener una posición de éxito, y luego comenzaron a cometer errores que antes eran impensados, porque a esa altura ya nadie los corregía ni les podía llamar la atención. ¡El éxito se les había subido a la cabeza! Y así ha ocurrido también con decenas de iglesias y ministerios que han sido lumbreras pero luego tuvieron un final oscuro porque sus líderes no ejercitaron la disciplina de la sujeción.

EL LIDERAZGO NO TIENE POR QUÉ SER UN LUGAR SOLITARIO

Esta disciplina se suele acompañar con la confesión y la búsqueda de asesoramiento. Tengas los años que tengas, búscate mentores y otórgales autoridad sobre tu vida.

Buscate amigos y confidentes fuera de tu círculo ministerial, para que puedan aconsejarte sin intereses personales que distorsionen sus percepciones. Y aun a tus subordinados, dales la posibilidad de expresar sus opiniones sin temer represalias. El liderazgo no tiene por qué ser un lugar solitario y si en este momento sientes que lo es, ¡pide ayuda y cambia eso cuanto antes!

LA ADORACIÓN

Y para cerrar este capítulo acerca de las disciplinas espirituales, observemos a la disciplina clásica que más hemos manoseado.

Una de las pruebas más elocuentes de la visión fragmentada, hiperformulista y hasta infantil de muchos rincones de la iglesia contemporánea es creer que la adoración es un estilo musical. Personalmente, creo que es por este acercamiento tan microscópico que muchos líderes cristianos perdemos la oportunidad de renovar nuestras fuerzas, foco y stamina espiritual en la verdadera disciplina de la adoración.

La verdadera adoración necesita más que música y canciones, y más que lindas palabras. La adoración necesita experimentar el perdón y el milagro de perdonar. Necesita contemplar. Ir más profundo. Agradecer y visualizar.

¿Por qué comienzo hablando del perdón? Porque todos tenemos heridas, y las heridas tienen una relación muy cercana con la adoración genuina.

El niño predicador que repite sermones imitando al viejo evangelista no puede hablar con autoridad acerca del milagro de la transformación. Su vida es aún demasiado corta como para dar testimonio personal del rescate profundo que Dios puede hacer en un alma ya desahuciada. Su historia todavía no registra suficientes vergüenzas, errores y dolores como para gritarle al mundo que hay esperanza en el desierto, pruebas de amor en los rechazos, y belleza en las heridas.

Y es que la adoración genuina es mucho más que cantarle a Dios palabras elogiosas con una música que apele a nuestros sentidos. La adoración genuina se desata cuando logramos ver nuestras heridas como pequeños rasguños en contraste con las heridas del corazón de Cristo en la cruz en el calvario. Y escribo "corazón" y no "cuerpo" adrede, porque creo que otro de los efectos adormecedores de la religión medieval que heredamos en Hispanoamérica es creer que los dolores más penetrantes que sufrió Cristo en el calvario tuvieron que ver con su cuerpo y no con su alma, perdiendo así de vista que Jesús no fue meramente un mártir, sino un redentor.

Él pagó *voluntariamente* el precio de nuestra salvación, y por eso nosotros podemos adorar a Dios de una manera en que ni los ángeles lo pueden hacer, ya que los ángeles no pueden hacer la oración del arrepentido. Sí. A menos que haya algo en la historia del universo que todavía desconocemos, según lo que revela la Biblia, los ángeles no pueden agradecer la redención de su alma. Ellos no pasaron por la vergüenza de saberse merecedores de condenación eterna, ni por la experiencia de levantar la bandera blanca de rendición para recibir el perdón inmerecido y luego la adopción de Dios como sus hijos (1 Juan 3.1).

LA VERDADERA ADORACIÓN NECESITA MÁS QUE MÚSICA, CANCIONES Y LINDAS PALABRAS

El siguiente aspecto de la adoración que normalmente olvidamos es la contemplación. ¡Hay tanto de Dios en la historia del universo, y tanto que todavía grita acerca de Él en la naturaleza, que es un gran desacierto pasarlo por alto! Si caminamos por la vida solamente mirando el asfalto, es bastante obvio que terminaremos aburridos, desmotivados, deprimidos y hasta enojados vaya a saber con quién.

Respira, y hazlo de manera consciente. Respirar es un regalo.

Mira más allá de los lugares gastados de tu ciudad y de tu vida cotidiana. Contempla lo que Dios ha hecho. Medita. Es necesario ir más profundo en nuestro entendimiento de lo que Dios ha intentado revelarnos. *¿Estás estudiando? ¿Te estás dejando conmover por la verdad de Dios? ¿Estás escuchando voces que solo te hablan de que tú puedes o, más allá de la elocuencia o de la fachada de los predicadores modernos, te estás provocando a ir más profundo en los misterios de la fe y de la vida?*

Si solo escuchamos superficialidades, hablaremos superficialidades, y... pensaremos superficialidades. Nuestra visión será muy finita, y terminaremos absorbidos por cuestiones terrestres y pasajeras, deprimiéndonos porque no tenemos algo que otro tiene, o frustrados hasta el drama por algo que en apenas unas horas olvidaremos. Trabajemos activamente para ensanchar nuestra mente, y la verdad de Dios volverá a cautivarnos con nuevas libertades.

Y claro...

Hagamos visitas continuas al agradecimiento. ¡Hay tanto para agradecerles a Dios y a las personas que tenemos a nuestro alrededor! Nunca olvidaré a Raquel Mairotta, una de las mujeres más fuertes que conocí. Ella medía menos de 1.40, y siendo mujer y soltera y tan pequeña fundó varias iglesias en zonas rurales de la Argentina. En mis primeros años de ministerio, cuando me desanimaba porque la iglesia de aquel entonces no entendía mi estilo más "desenfadado" para hablares a las nuevas generaciones, Raquel me repetía: "*Cuenta tus bendiciones, y siempre notarás que tus maldiciones son muchas menos*". Esa idea siempre me alegró el corazón, porque cada vez que empezaba a contar veía que ella tenía razón.

Cuando olvidamos la adoración genuina, comenzamos a escuchar en tercera persona, como si las verdades de Dios no fueran para nosotros. Dejamos de confiar en sus "no", y tenemos reacciones desproporcionadas. Dejamos de priorizar el estar cerca, acercarnos y volver a estar cerca, y eso nos llena de un enojo y una insatisfacción cada vez más profundos.

SI SOLO ESCUCHAMOS SUPERFICIALIDADES, HABLAREMOS SUPERFICIALIDADES

Cuanto más estudio la Biblia y la vida humana, con más claridad puedo ver que las heridas y necesidades humanas son tanto el punto de partida de la adoración como lo es la misma deidad de Dios. Adoramos a Dios porque Él es digno y porque es nuestro Padre, y le adoramos porque no hay nadie más sublime y perfecto en quien posar nuestra pasión. Pero también le adoramos porque lo necesitamos desesperadamente, y la adoración renueva nuestras ganas de vivir y nuestra stamina.

Tener su amor presente, sana. Pensar en su perdón, ayuda a perdonar. Enfocarnos en su gracia nos ayuda a dar gracia. Agradezcamos por los regalos que vemos y por los que no vemos. Eso te dará ganas de cantar, y no porque te guste la canción, ya que la persona a quién le cantas es mucho más conmovedora y vibrante que la canción.

Y por último, veamos. Logremos ver el futuro con ojos de esperanza.

A. W. Tozer escribió que: "La esencia de la idolatría consiste en abrigar sobre Dios pensamientos que son indignos de Él". Aunque Dios no haya hecho todo lo que soñaste. Aunque el ministerio no sea tan fácil como te·imaginaste. Aunque lo hayas dado todo y hoy te falten las fuerzas, no dejes de creer que Dios puede hacer y *hace* su perfecta y maravillosa -aunque a veces misteriosa- voluntad. (Isaías 55.8-11, 1 Corintios 12.6)

La adoración no se reduce a cerrar los ojos y cantar canciones lentas con la música que nos gusta. Por eso me da cierta tristeza que hoy llamemos "adoración" a algo tan barato como un concierto de la banda que satisface nuestros gustos musicales por más que las letras le digan cosas lindas a Dios. La adoración es una aventura intencional a la que nos lanzamos cuando confiamos en el gran protagonista de la adoración y nos abandonamos a su efecto soltando nuestras propias ideas, heridas, conceptos y valores con tal de calibrar nuestro corazón y mente con los suyos.

La ceremonia, la música, las luces y los ritmos pierden toda relevancia cuando la adoración llega a ese espacio auténtico en el que solo se trata de asombro, agradecimiento y devoción. Ese espacio te renueva y enfoca, a la vez que te ayuda a sacudir de tu vida a cualquier Baal y a volver a acercarte y mantenerte cerca de Aquél que es y debe ser siempre, el epicentro de tu fe.

CAPÍTULO 6

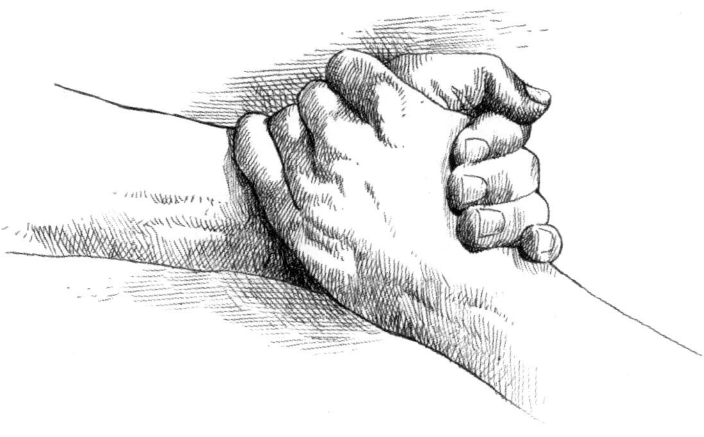

EL ACTIVO ETERNO

La trascendencia de tu liderazgo siempre tendrá que ver con personas.

Piénsalo bien: El objetivo del liderazgo cristiano no es otro que lograr que el amor de Dios sea visible a los seres humanos. Por lo tanto, sin personas, tu liderazgo no tiene sentido. Así que respira hondo e inhala la idea hasta que te llene los pulmones: el liderazgo se trata de personas.

Más allá del Espíritu Santo en nosotros, ellas son el único activo eterno con el que contamos, y esto no significa que sea fácil hacer equipo con ellas ni que sea sencillo influenciarlas. Lo que significa es que es primordial hacerlo cada vez mejor, ya que la trascendencia de nuestro liderazgo depende directamente de nuestra destreza con las relaciones humanas. Por eso, otra catapulta que utilizan los mejores líderes es la empatía.

LA TRASCENDENCIA DE NUESTRO LIDERAZGO DEPENDE DIRECTAMENTE DE NUESTRA DESTREZA CON LAS RELACIONES HUMANAS

Salteando definiciones de diccionario, la empatía es la capacidad de entender y sentir lo que otra persona está experimentando. Es a esto que apunta el escritor de la carta a los hebreos cuando, en referencia a Jesús, dice: "*Nuestro sumo sacerdote entiende nuestras debilidades, porque él mismo experimentó nuestras tentaciones, si bien es cierto que nunca cometió pecado.*" (Hebreos 4.15)

Sin personas y sin relaciones, el liderazgo no tiene cuerpo. La empresa, el mercado, la fábrica, el gobierno, la escuela y la iglesia no tienen piernas, y tu influencia sin personas no tendría ojos, ni oídos ni manos.

Decir esto pareciera comenzar por lo obvio, pero *¿será que lo es?*

Pienso en esa escena en la que Jesús entra en la casa de Simón el fariseo y le pregunta: "*¿Ves a esta mujer?*"

Escribí acerca de este evento relatado en Lucas 7.36-50 en el libro "*El mejor líder de la historia*" porque aquí Jesús parece preguntar lo obvio. *¿Quién en la escena puede no haber visto a una mujer de mala reputación irrumpir en la casa de un respetado maestro de la ley y tirarse a los pies del invitado llorando y derramando perfume?* Obviamente, todos vieron a la mujer de mala reputación hacer lo que hizo. Entonces, *¿será que Jesús está queriendo decir algo más?* Yo creo que sí. Jesús puede estar tratando de señalar que los que miran la escena están viendo una interrupción, alguien fuera de lugar, una persona desubicada llamando la atención, una prostituta... pero no están viendo a la mujer.

¿Realmente vemos a las personas con las que convivimos? Yo lo confieso primero. Por muchos años esta fue una de las principales debilidades de mi liderazgo.

De hecho, he avanzado mucho pero todavía estoy lejos de ser todo lo comprensivo que pudiera, e incluso ahora mientras escribo esto estoy pensando en una gran cantidad de excusas para no tener que reconocer abiertamente que tengo todavía un largo trecho por recorrer en este aspecto.

Trabajar en equipo no es mi inclinación natural y, aunque esto no sea un consuelo ni una justificación, sé que no soy el único. Conozco muchos líderes que son sensacionales en la carrera de las ideas, pero que pierden el paso cuando, para llevar esas ideas a la acción, tienen que involucrar a otras personas. Sencillamente sus ideas se disipan, y lo que en la teoría parecía una luz brillante nunca termina de iluminar porque en el proceso de involucrar voluntades simplemente no supieron conectar las ideas con las necesidades y las motivaciones de otras personas.

LEALTAD

Cada ser humano tiene una historia, y cuanto más valoremos su historia, más valorada por nosotros se sentirá la persona.

Es así de simple y así de complicado.

Conocer su historia crea en mí una sigilosa pero persistente lealtad hacia esa persona.

Piensa en esto. En el ámbito del liderazgo solemos reparar bastante en la lealtad. Pero, en general, lo hacemos en función de la gente que tenemos a nuestro cargo y su comportamiento hacia nosotros, y no al revés. No solemos pensar en la lealtad que los líderes podemos y debemos desarrollar hacia la gente que lideramos. Sería importante que lo hiciéramos, porque un axioma crucial del liderazgo -que temprano o tarde todos descubrimos- es que la lealtad que cosechamos es la que antes hemos sembrado.

La lealtad nunca es gris. O somos leales, o no lo somos. No es posible ser leales "con condiciones", solo cuando el otro sirve a nuestros intereses. Eso no es verdadera lealtad, y por eso cuestiono si realmente somos leales cuando reclamamos lealtad sin haberla ofrecido primero...

Las personas con las que trabajamos siempre tienen necesidades prácticas y, lo que es incluso más importante, necesidades interiores, que las mueven a tomar una posición de servicio. Es por eso que muchas veces podrán seguirnos y servirnos sin importarles tanto si nosotros somos, o no, recíprocos en nuestro cuidado para con ellos. El problema de esto es que la batería de ese tipo de comportamiento tiene una carga muy corta. Siempre estaremos rodeados de gente de corto plazo. La lealtad a largo plazo debe ser construida, y para ello es fundamental reconocer que la lealtad se solidifica cuando se construye sobre tres pilares: confianza, pertenencia y un propósito común.

LA LEALTAD NUNCA ES GRIS. O SOMOS LEALES, O NO LO SOMOS

Piensa en estos conceptos por unos momentos:

- Confianza
- Pertenencia
- Propósito común

Si anhelamos construir lealtad a largo plazo, siempre es bueno preguntarnos:

¿Qué estoy haciendo para ganarme o para mantener la confianza de las personas que intento influenciar?

¿Qué estoy haciendo para que quienes participan de mi liderazgo se sientan parte de lo que sucede?

¿Qué tipo de pertenencia estoy generando con mis palabras y con mis actitudes?

Y quienes me acompañan en mi liderazgo, *¿tienen en claro el propósito común?*

Si dejamos de hacernos estas preguntas comenzaremos a actuar como si la gente tuviera el deber de ser leal... y no pasará mucho tiempo antes de que lleguemos a sentirnos decepcionados por su deslealtad y cansados de liderar.

SENSACIONES

Las sensaciones de tu equipo tienen mucho que ver con tus propias sensaciones. Para bien o para mal. El entusiasmo es contagioso, y el desgano también. La emoción y la expectativa lo son, y el desaliento y el aburrimiento también.

EL ENTUSIASMO ES CONTAGIOSO, Y EL DESGANO TAMBIÉN

¿Esto quiere decir que siempre debemos lucir entusiasmados, aunque en nuestro interior no lo estemos?

No. Esto quiere decir que debemos leer la situación y medir la madurez de las personas que estamos afectando para decidir en qué momento debemos liderar y en qué momento debemos ser liderados por ellos. En cuál momento debemos ser directivos y asertivos, y en cuál lo acertado es dejarles tomar la iniciativa y escucharlos, e incluso dejarlos equivocarse en la confianza de que tu aprobación va más allá de lo que hagan, porque tu foco está en quiénes son.

Vuelve a los tres conceptos que mencionamos.

La confianza, por ejemplo, se cultiva con integridad y con algunos lapsos de intimidad. Que tus liderados sepan cómo piensas y qué es lo que harías en determinada situación, y que vean que lo que predicas es lo que vives. Esto hará que, aunque quizás no disfruten de alguna actividad que les toque, tengan la seguridad de que si les pediste algo es por el bien común. Si a esto le agregamos al menos algunos espacios de intimidad, ellos sentirán que te conocen, y por eso te protegerán ante cualquier ataque o queja de quien no te conoce tanto como ellos, y lo harán desde una posición de certeza de que vale la pena aportar a tu ministerio.

El aspecto de la pertenencia tiene idéntica potencia. *¿Se sienten parte del equipo o solo sirven al equipo?* Los mejores líderes manejan con mucha astucia el "nosotros" y el "ellos". Por ejemplo: Si cuando tú te refieres a "nosotros" estás hablando de tu staff pago pero no de tus voluntarios, entonces tu capacidad de reclutar y mantener voluntarios disminuirá. Si cuando dices "nosotros" te refieres a tu familia pero no a tu equipo, no te ofendas cuando las personas de tu equipo no estén dispuestas a ir la milla extra en alguna demanda del ministerio. Y te hago una advertencia quizás curiosa aquí: esto no tiene que ver directamente con tus prioridades -porque obviamente tu prioridad debe ser tu familia- sino con tus palabras y las sensaciones que ellas provocan. El punto es asegurarte de que tus liderados se sienten parte importante de un "nosotros", ya que esto será fundamental para que vayan la milla extra protegiendo a "su" equipo.

Y tercero: *¿Por qué alguien va a querer ayudar a tu ministerio?* Nunca asumas que es obvio. No descuentes que es porque Dios manda, o porque es algo bueno. Los líderes debemos mostrar muy claramente el destino al que pretendemos llegar con los esfuerzos que reclamamos y entonces, recordarles continuamente a nuestros liderados por qué hacemos lo que hacemos. En otras palabras, debemos siempre clarificar y recordar cuál es el resultado final que estamos persiguiendo, asegurándonos de que ese resultado sea uno que apasione a los voluntarios, porque allí está la salsa especial que nos mantiene juntos. Y esa salsa es, justamente, la causa común que estamos persiguiendo.

LA SEDUCCIÓN DE LAS ACCIONES

Hace algunos años en Atlanta pude conversar con Berenice King, la hija menor de Martin Luther King, y le escuché de sus propios labios decir que no fue la gente mala la que mató a su padre, sino la indiferencia de mucha gente buena. Albert Einstein ya había afirmado algo similar en referencia al partido popular de la Alemania nazi, diciendo que el mundo no sería destruido por aquellos que hacen el mal, sino por aquellos que ven el mal sin hacer nada al respecto.

Ambas afirmaciones subrayan la necesidad que tiene el mundo de líderes que hagan una diferencia tangible para que el mal retroceda y el bien avance. Y es, que contrario a lo que muy ingenuamente se ha sugerido en algunos sectores del mundo cristiano, lo que todos necesitamos con urgencia es mejores líderes. Modelos. Gente que inspire, rete, redarguya, imagine, motive, aclare, empuje, supere y avance. Lideres. De los verdaderos. De esos que van más allá de su posición, de sus títulos, o de sus logros pasados, para seguir avanzando y mostrándonos el camino a quienes venimos detrás.

Por esta razón para desarrollar empatía es bueno recordar que nosotros también necesitamos ser inspirados. Las acciones positivas de otros seducen lo más profundo de nuestro ser, instándonos a repetir esas acciones. Y es que todos necesitamos ver ejemplos que provoquen en nosotros el deseo de ir la milla extra y eso es de nosotros a nuestros liderados en la mayoría de los casos; y en otros, de ellos a nosotros también ya que para evitar la fatiga ministerial, es vital mantenernos inspirados y brindando inspiración, recordando que otros la necesitan así como nosotros también la necesitamos.

ES COMO CONSECUENCIA DE LA FRICCIÓN DE PERSONAS QUE SE INSPIRAN MUTUAMENTE QUE SALTA LA CHISPA DEL PROGRESO

El punto es que el liderazgo no se reduce a ideas brillantes y planes estratégicos claros o mucho talento sino que es como consecuencia de la fricción de personas que se inspiran mutuamente que salta la chispa del progreso y por eso es tan importante ser inteligentes a la hora de saber rodearnos, y leer cuándo y cuánto dar, y cuándo y cuánto recibir.

LÍMITES

El Dr. Henry Cloud ha hecho un gran aporte con su serie de libros acerca de los límites. En "*Límites para líderes*" él explica la idea de que todos tenemos una línea de propiedad, y somos ridículamente responsables de lo que hacemos para nuestro beneficio y el de otros, pero que, a la vez, somos absolutamente irresponsables por las reacciones de otras personas ante nuestros estímulos.

En otras palabras, yo puedo controlar lo que escribo y tomar en cuenta tus necesidades mientras lo hago, pero no puedo controlar tu reacción cuando leas mi libro. Yo puedo enseñar lo que es correcto a mi hijo, y puedo reforzarlo mientras es pequeño, pero tarde o temprano él terminará siendo responsable de lo que cree y de lo que hace. *¿Qué quiere decir esto con respecto a mi función como líder de mi familia?* Que mi tarea no es tener un buen hijo, sino ser el mejor padre que pueda ser para él. Ser un buen hijo depende de él. Ser el mejor padre que yo pueda ser, esa es mi responsabilidad.

Se desata mucha libertad en nuestra psiquis cuando finalmente comprendemos que podemos controlar lo que está dentro de nuestra responsabilidad, y *no* lo que hacen otras personas en reacción a lo que nosotros hacemos. Esto tiene una importancia vital porque la empatía tiene que ver con llenarnos de misericordia por las personas a nuestro alrededor, pero eso no es sinónimo de dejarnos gobernar por las emociones de otras personas, ni ser cómplices de sus emociones negativas ni de su improductividad. Al fin y al cabo, esa sería una falta de empatía, ya que no le estaríamos haciendo bien a esa persona al no marcarle este límite.

Volviendo a lo germinal de nuestras almas, todo lo que hacemos tiene que ver con ganarnos el favor de las personas o conseguir resultados. Esas son las dos fuerzas operativas en las conductas humanas: la conexión y los resultados.

Todos somos amantes y trabajadores. No amantes en el sentido contemporáneo de infidelidad y no trabajadores en el sentido social de un peón que cumple tareas; sino amantes y trabajadores en el más sublime uso de esas palabras y es que el amor requiere inteligencia emocional, y el trabajo demanda la triple alianza de las personas más productivas: A. claridad de pensamiento o visión; B. capacidad de ejecución; y C. persistencia. Cuando nuestra dimensión de relaciones dialoga en armonía con nuestra dimensión productiva es cuando disfrutamos de vidas más armoniosas y maximizamos nuestra influencia, porque el aspecto del trabajo también llega más lejos cuando se conecta con el amor.

Ahora bien, como la persona a cargo en una posición de liderazgo debes saber que tus acciones y reacciones se magnifican en las emociones de las personas que lideras. Los líderes creamos cierta ansiedad en las personas que lideramos, y eso es positivo porque esa ansiedad les provoca a ser mejores. Claro que hay malos ejemplos también. Hay líderes de todo tipo que producen ansiedad negativa o temor. Estos líderes generan culpa, vergüenza y desequilibrios emocionales en sus liderados. Por eso, para que esto no suceda, es indispensable acompañar la ansiedad positiva con palabras de afirmación, reconociendo lo que se hace bien y compartiendo momentos de relaciones que vayan más allá de los resultados.

Las neurociencias lo confirman: Cuando hay una conexión emocional, los niveles de estrés decrecen y la química del cerebro se reacomoda. Nuestros cerebros necesitan la empatía de otros para funcionar correctamente y continuar creciendo, y por eso, más allá de lo que ya apuntamos para desarrollar lealtad, esta conectividad emocional requiere que los líderes:

- Conozcamos de cerca las historias de las personas que lideramos. *¿Qué hizo tu empleado en sus vacaciones? ¿Cómo es su familia? ¿Qué hay detrás de esa voluntaria? ¿Hay algún desafío en su vida familiar o profesional en esta temporada que le haya hecho perder el ímpetu o el compromiso con tu equipo?*

- Usemos un lenguaje corporal que acompañe las preguntas o palabras de aprecio. *¿Ven las personas con las que trabajas interés en tus ojos? ¿Es momento para un buen apretón de manos, o una palmada en la espalda, o un aplauso espontáneo?* ¡No desestimes el poder de la comunicación no verbal!

- Naveguemos los conflictos en control. Como lo dejamos bien claro en el capítulo uno, no podemos esperar la perfección de nadie. El liderazgo es difícil porque las personas somos difíciles, y entre personas difíciles siempre surgirán conflictos. Siempre habrá alguna crisis o algo que se salga de tu control, y en estos casos tus reacciones visibles les darán a tus liderados un precedente de si es seguro compartirte noticias negativas o si corre peligro su vida porque siempre matas al mensajero.

- Estemos atentos a que siempre se perciba nuestra colaboración. Una cosa es que demandemos de ellos, y otra es que noten que queremos que brillen. Por ejemplo, el tan solo preguntarles a quienes trabajan contigo cómo puedes hacer su servicio más productivo puede ser un gran acelerador de la actitud correcta.

- Reparemos emociones cuando sea necesario. Sí. Navegar correctamente los conflictos no significa que todos saldrán bien parados y felices. Los malentendidos son tan humanos como la risa, y a eso se le suma que cuando a alguien no le salen las cosas como espera puede quedar tan dolido que le cueste un tiempo volver a su mejor actitud. Y, si bien no nos toca responsabilizarnos por su actitud, podemos hacernos responsables de animarlos, de ser pacientes, o simplemente de darles un espacio para ventilar su frustración porque su idea no fue aprobada o su performance no fue la mejor.

Y, quizás lo menos sabido pero más virtuoso:

- Desarrollemos una narrativa cautivante. Así como conocer la historia de otros ilustra a los líderes y genera empatía, la gente debe saber también la historia de los líderes y la historia de lo que representan, porque eso también les genera empatía a ellos. Es decir, cuéntales la historia de tu iglesia si eres pastor, o de tu ministerio, o incluso de tu organización o empresa si estás en el terreno secular. *¿Por qué*? Porque hoy sabemos a través de las ciencias cognitivas que al cerebro le gusta organizar las experiencias en historias, y ahí es donde una narrativa de lo que hacemos y de por qué lo hacemos se vuelve fundamental. Si hay un "meta-relato", una narrativa que lo explique todo, es mucho más fácil que alguien quiera aportar su historia a esta gran historia, porque todos queremos ser parte de algo más grande que nosotros mismos, algo que legitime nuestras decisiones y esfuerzos.

AL CEREBRO LE GUSTA ORGANIZAR LAS EXPERIENCIAS EN HISTORIAS

¿No es esto lo que hizo Moisés con el libro de Génesis?

Ese pueblo necesitaba una meta-historia para conectar sus historias con la aventura que tenían por delante. Y cuidado, al decir esto no estoy cuestionando la historicidad de los hechos, sino que apunto a por qué era importante para el pueblo recién liberado de Egipto conocer tanto su génesis como la gran promesa de su destino. Esa historia era la que finalmente iba desarrollar en ellos la empatía necesaria para confiar en Moisés, y él fue sagaz al asumir su responsabilidad de responder a sus "porqués" mientras hacía que el pueblo fuera responsable del destino que tenían por delante.

La lección para quienes lideramos, entonces, se hace evidente. Debemos enfocar a nuestra gente a hacerse responsables de lo que pueden controlar, y no es malo demarcar límites claros para sus responsabilidades y las nuestras. Además, debemos hacerlo para ser mejores mayordomos de nuestra energía emocional y de la suya, ya que hacerlo multiplica nuestra *stamina* para el largo plazo.

AMOROSO DESACUERDO

Hace muchos años tuve el privilegio de trabajar con un líder muy singular llamado Juan Carlos Ortiz. En la Argentina, su nombre provoca emociones fuertes en las dos o tres generaciones de pastores que me preceden. A algunos les despierta la más profunda admiración, y a otros se les frunce el semblante al escuchar su nombre.

Llegué a trabajar con él porque las circunstancias me empujaron, así que no fue que yo particularmente haya elegido hacerlo. Cuando viajé de Buenos Aires a California para hacer mis estudios de posgrado, la vida simplemente hizo que me topara con Juan Carlos, y él pasó a ser mi pastor, mi jefe, y mi mentor cercano durante mis primeros años en los Estados Unidos. La relación resultó muy conveniente en un principio, porque él estaba buscando alguien que le ayudara a encaminar el trabajo con la juventud en la creciente iglesia que pastoreaba y, en mi caso, yo necesitaba trabajar para poder seguir con mis estudios. Pero pronto nuestras personalidades comenzaron a chocar. ¡Y cómo!

Nuestra congregación nunca lo hubiera advertido, pero llegamos a tener discusiones bien fuertes estando ambos en el escenario dirigiendo una reunión, y en algunos momentos no podíamos estar en mayor desacuerdo con lo que el otro veía acerca de la Iglesia. En privado, y en algunas reuniones con el equipo pequeño de líderes principales del ministerio, discutíamos teología lanzando versículos hacia un lado y hacia el otro, y casi todas las semanas teníamos algún "round" acerca de liturgia o de las mecánicas de la programación de la iglesia. Ambos teníamos nuestros "porqués", que podíamos justificar perfectamente con la Biblia y con ejemplos de todo tipo, y teníamos también poder de convencimiento como para poner las opiniones de otros de nuestro lado.

LOS SABIOS DISCUTEN IDEAS Y NO PERSONAS

Sin embargo, nunca sospechamos de las intenciones del otro, y siempre mantuvimos una relación amorosa cuando cambiábamos de tema. Hoy, mirándolo a la distancia, supongo que hubiera sido un buen show presenciar estas contiendas dialécticas entre dos líderes de personalidades parecidas en dos extremos distintos de la vida.

Lo que quiero rescatar aquí es que Juan Carlos me dejó muy claro que es posible estar en desacuerdo con otras personas sin personalizar las discusiones. Me enseñó que los sabios discuten ideas y no personas, y que es posible mantener relaciones cercanas con personas con las que estemos en desacuerdo en alguna faceta de la vida.

Juan Carlos me mentoreó aun en el desacuerdo y me enseñó mucho sobre empatía, porque siendo que él era mi empleador, yo tenía todas las de perder, pero él nunca llevó el calor de esas discusiones más allá de los temas en cuestión. Y aunque esas discusiones a veces subían de tono, él nunca censuró mi personalidad combativa, ni tampoco me trató con menos cariño cuando estábamos en un ámbito distinto al de esas reuniones privadas o semiprivadas. Este tipo de libertad y de madurez son fundamentales para crear organizaciones con una cultura abierta, en las que no estén todos para servir a una sola persona sino que cada uno sume lo mejor de sí para un propósito común, y en las que todas las opiniones sean valoradas aunque se escojan solo algunas y los líderes definamos el camino.

Porque, vuelvo a advertirte: En la medida en que tu liderazgo avance, cada vez habrá menos fuerzas externas dictando tu foco, energía y dirección, y por eso es fundamental mantener un amoroso intercambio positivo con tu equipo cercano aunque no siempre estén todos de acuerdo contigo. De hecho, ese desacuerdo es positivo, ya que te ayudará a no perder el rumbo ni el ritmo. En otras palabras, debes desarrollar un hambre de feedback. Debes buscar que los líderes más jóvenes te den ideas frescas, para que tu foco nunca esté cómodo, para que no te estanques en una situación de comodidad en la que hagas las cosas de determinada manera simplemente porque es lo que ya hiciste antes y sabes que funciona.

DEBES DESARROLLAR UN HAMBRE DE FEEDBACK

VER CON SUS OJOS

Mientras trabajaba en este capítulo fui por primera vez a un oculista a ver si necesitaba lentes para leer, y allí presencié una escena para mí inesperada. Una mamá salió de uno de los consultorios con su hijo de unos siete u ocho años, obviamente conmovida y repitiéndole un efusivo agradecimiento a quien la había atendido. Se podía notar en su rostro que todavía estaba llorando. Al marcharse, el mismo oftalmólogo que la había atendido llamó mi nombre, así que al ingresar le pregunté si el niño estaba bien y por qué el llanto de esa madre. Él me explicó que había usado sus instrumentos para mostrarle a la mamá realmente cuán poco veía su hijo, y que eso la había shockeado porque su hijito tenía problemas de comportamiento y de aprendizaje, y al ver con sus propios ojos finalmente había entendido cuán difícil le era todo con su limitada capacidad visual.

Mi mente voló, y me imaginé a esa madre frustrada porque a su hijo no le iba bien en la escuela, no le gustaba leer, o no le era fácil concentrarse... y entendí la razón del llanto. Esa mamá había, por fin, experimentado empatía. Había visto el mundo con los ojos de su hijo y había encontrado en su corazón una nueva misericordia.

Al hablar de empatía no estamos hablando de ser rehenes de las emociones de nadie, sino de despojarnos de ese complejo tan popular entre los líderes de tratar de arreglarle la vida a todo el mundo hasta que sean felices. Esa siempre será una ilusión óptica. Lo que nos toca es ser ridículamente responsables de lo que podemos controlar, al tiempo que le damos tanto valor a las personas que entendemos mejor cómo funcionan y qué necesitan, y desarrollamos la destreza de influenciarles porque morimos de ganas de que conecten sus propias historias con la de Dios.

La Biblia no usa la palabra "empatía", sin embargo, la evoca continuamente. Fíjate, por ejemplo, en estas palabras de un Pedro ya maduro:

"En fin, vivan ustedes en armonía unos con otros. Compartan sus penas y alegrías, ámense como hermanos, tengan compasión y sean humildes. No le hagan mal al que les hizo

mal ni insulten al que los insultó. Al contrario, bendíganlo, porque Dios los eligió a ustedes para que reciban bendición.

El que quiere amar la vida y pasar días felices, cuide su lengua de hablar el mal y sus labios de engañar. Apártese del mal y haga el bien; busque la paz y sígala, porque el Señor cuida a los justos y sus oídos están atentos a sus oraciones, pero está en contra de los que hacen el mal."

(1 Pedro 3.8-10)

¿Notaste que todas estas recomendaciones de Pedro tienen que ver con personas? Nuestro trato con la gente define nuestro cumplimento de la ley y nuestra práctica de la gracia. Conocer la historia de nuestra gente y ayudarles a ver cómo su responsabilidad se conecta con nuestra historia y con la gran historia de redención de Dios, es una vitamina esencial para el pueblo de Dios y para nuestro liderazgo.

NUESTRO TRATO CON LA GENTE DEFINE NUESTRO CUMPLIMENTO DE LA LEY

Las relaciones abren o cierran puertas, cambian estados de ánimo para bien o para mal, y te ayudan a estancarte o te catapultan hacia un futuro mejor.

CAPÍTULO 7

EL DESARROLLO DE TU HISTORIA

Tu historia se está escribiendo - me dijo uno de los profesores que más influencia tuvo sobre mí durante mis años de formación académica. Los capítulos anteriores son las etapas que te trajeron hasta aquí, pero todavía estás escribiendo tu final.

El Dr. J. Robert (Bobby) Clinton de la escuela de estudios interculturales del Fuller Theological Seminary, había investigado las vidas de miles de líderes intentando identificar patrones que permitieran anticipar las etapas y desafíos por las que un líder o una líder iban a pasar según sus diferentes personalidades y sus lecciones tienen todo que ver con mi motivación al escribirte este libro.

Los estudios de miles de biografías sumados a miles de entrevistas con líderes de todo el mundo dieron origen a su *Leadership Emergence Theory* (teoría del surgimiento del liderazgo), una tesis que desde un principio me resultó sorprendente, ya que los hallazgos que la sustentan sacan a la luz lo parecidas que son las temporadas por las que pasamos todos aquellos que lideramos, independientemente de nuestros contextos y personalidades.

Como resultado de su estudio de numerosas biografías y miles de entrevistas, Clinton proponía que todos aquellos que estamos en el ministerio pasaremos por cuatro fases, si es que logramos un desarrollo sano a largo plazo evitando accidentes fatales en el camino...

FASE I	FASE II	FASE III	FASE IV
Fundamentos ministeriales	Ministerio general	Ministerio enfocado	Convergencia ministerial

Estas fases tienen que ver con la edad, pero sobre todo tienen que ver con un conocimiento más maduro acerca de nosotros mismos, ya que no es lo mismo acumular años que madurar y superar etapas. ¡Por eso es tan importante conocernos y saber dónde estamos! Identificar la etapa en la que te encuentras e inventariar tus posibilidades con claridad es otra de las catapultas críticas hacia un más elevado nivel de influencia.

INVENTARIO

Contrario a lo que declaran algunos clichés que hoy suenan en las redes, yo estoy convencido de que quien mira hacia afuera sueña, pero quien mira hacia adentro despierta a lo que puede y debe soñar. Conocernos es una de las principales herramientas de la sabiduría. Inventariar bien nuestra vida se traduce en cultivar el hábito de la evaluación continua y gentil de nuestro progreso, y esta es definitivamente una de esas catapultas que necesitamos para llegar a dejar ese legado que podemos y debemos dejar a quienes vengan detrás nuestro.

¿A qué me refiero exactamente cuando hablo de un "inventario"?
A una lista de habilidades, oportunidades, relaciones, logros, conocimientos, regalos de gracia, y aspiraciones.

¿Y por qué digo que la evaluación debe ser continua y gentil?

Porque no es una evaluación con el fin de autoflagelarnos por nuestras torpezas y darle lugar a un perfeccionismo enfermo, sino que el objetivo es establecer un trayecto de progreso hacia a dónde queremos estar, luego de estar donde quisimos estar antes. Hacer esto suele ser una destreza personal de aquellos líderes que dejan un legado extraordinario.

QUIEN MIRA HACIA AFUERA SUEÑA, PERO QUIEN MIRA HACIA ADENTRO DESPIERTA A LO QUE DEBE SOÑAR

Michael Hyatt y Daniel Harkavy en su libro *Living Forward* (viviendo hacia adelante) recomiendan pensar en cada área importante de nuestra vida como si fuera una cuenta bancaria que no puede estar en rojo, sino en la que debe haber una reserva que es nuestro trabajo aumentar. Ellos hablan de tres círculos concéntricos que pueden ayudarnos a inventariar y luego a administrar cada vez mejor nuestras vidas:

- El círculo interior del SER, formado por la colección de nuestras cuentas física, intelectual y espiritual.

- El círculo medio de las RELACIONES, formado por las cuentas de pareja, familia, amistades y colegas.

- El círculo externo de las CONDUCTAS, formado por las cuentas de la carrera, las finanzas y el esparcimiento.

LAS NUEVE CUENTAS BÁSICAS DE LA VIDA

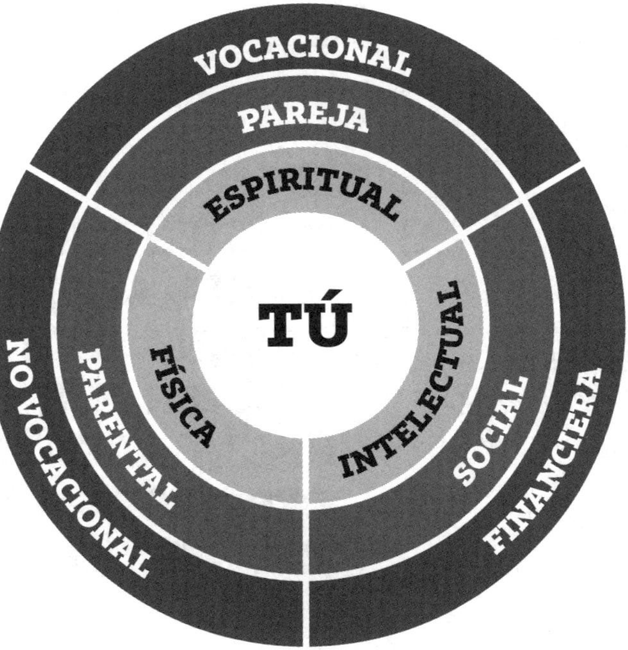

*

Este diagrama obviamente es tan solo una ayuda visual, porque compartimentar nuestras vidas nunca puede ser una ciencia exacta, pero creo que aporta una ayuda valiosa para facilitar el inventariar cada aspecto aunque cada cuenta, en realidad, se interrelacione con las demás.

El punto aquí es que tu vida es como una colección de cuentas bancarias, y que cada una de ellas necesita la atención correcta para no quedarse sin reservas. No evaluarlas o monitorearlas periódicamente equivaldría a no saber ni lo que tenemos ni dónde estamos parados, y esto nos empujaría a tomar decisiones a ciegas... decisiones

***Descarga el gráfico en www.e625.com/extras**

equivocadas que podríamos evitar si contáramos con una información precisa de lo que tenemos a la mano.
O imagínatelo de este modo: No evaluar regularmente y con precisión cada aspecto de nuestra vida puede llevarnos a ser como esas personas que entran al mar muy cerca de la parte de la playa donde han dejado su sombrilla y sus pertenencias, y que luego de un rato de saltar olas se dan cuenta de que ahora están muy alejados de dónde creían estar.

TU VIDA ES UNA COLECCIÓN DE CUENTAS BANCARIAS

La vida te mueve. Las decisiones importantes tienen un efecto dramático sobre otras decisiones menos importantes, ¡pero que hacen a tu realidad! Y ahí es dónde encuentro muy valioso el aporte del Dr. Clinton al identificar las fases de la vida de los líderes.

En Proverbios 18.2 encontramos esta afirmación, sin anestesia: *"Al necio no le interesa entender; todo lo que quiere es dar su propia opinión."* Aquí vemos que entender comienza con prestar atención. Con trabajar para saber, y no con suponer. Con conocer, y no con adivinar. Por eso es siempre una señal de sabiduría el aprender de las historias de otros líderes, para así poder escribir mejor nuestra propia historia.

¿En cuál de las cuatro fases mencionadas por Clinton te encuentras?

Si estás en la primera, no puedes compararte con alguien que está en la segunda. ¡Tu inventario está lleno de oportunidades de aprendizaje! Esta es tu mejor etapa para estudiar, ir más profundo en tu conocimiento, y experimentar. Claro que en las siguientes etapas también podrás hacerlo, pero por ejemplo, estudiar una carrera teológica o universitaria para enriquecer y potenciar tu llamado es mucho más difícil de llevar a cabo cuando ya estás casado o con hijos. Es mejor hacerlo cuando todavía no tienes que reservar tu tiempo y tus fuerzas para dedicarlos a tu familia. ¡Pero cuidado! Conseguir un éxito aparente en esta etapa puede ser una trampa que te estanque en la siguiente, y por eso es vital prestarle atención a la secuencia completa que terminará definiendo tu vida.

Si estás en la segunda etapa, ahora ya probablemente haya en tu inventario otras personas que dependan de ti. Y, aunque sigue habiendo posibilidades de expansión, debe comenzar a pesarte la palabra *estabilidad*. El tiempo para seguir preparándote se acorta, y te toca hacer la mejor mayordomía que puedas con las posibilidades que tengas, independientemente de cuáles sean tus inclinaciones más específicas.

En la tercera etapa ya es tiempo de dejar el "generalismo". Ya sabes lo suficiente acerca de tu diseño divino y eres consciente de cómo has colaborado con la impronta de Dios para convertirte en quién eres. Tus aspiraciones ya no son la fama, el poder o el dinero como cuando tenías veinte años. Ahora entiendes que las personas más exitosas no buscan el éxito, sino que el éxito es solamente una consecuencia de haber desarrollado una disciplina con perseverancia.

Llegaste a esta fase al entender, al verdaderamente comprender, que tu tiempo y tus relaciones ya no se pueden gastar en calorías vacías, sino que tu nutrición es vital para ayudar a otros a estar nutridos en un aspecto, o en unos pocos aspectos, en los que tu ayuda es *única*.

Y si estás en la cuarta etapa... Bueno, en óptica se dice que un lente es convergente cuando enfoca la luz en vez de dispersarla. Y justamente en esta fase el foco más preciso debe estar puesto en transferirles tu influencia a ciertos aprendices escogidos con sabiduría, que serán quienes continuarán tu legado. La clave, entonces, para darle continuidad a tu influencia, pasa durante esta etapa prioritariamente por abrirles el camino y catapultar a algunas personas específicas, para que continúen lo que comenzaste y por eso, una de las palabras claves de esta etapa es sucesión. *¿Qué pasará en tu ministerio cuando ya no estés?*

EL ÉXITO ES SOLAMENTE UNA CONSECUENCIA DE HABER DESARROLLADO UNA DISCIPLINA CON PERSEVERANCIA

Como ves, el anticipar estas etapas en lugar de encontrarte por sorpresa en ellas, puede ayudarte a ser un mejor administrador o administradora de tus posibilidades reales y puede ahorrarte mucha energía perdida.

TU DIAGRAMA DE APTITUDES

Joseph Campbell, un viejo especialista en religiones comparadas, afirmó que *"debemos dejar ir la vida que planeamos para aceptar la vida que nos espera"* y sé que a oídos pop esa afirmación puede sonar a globo pinchado, pero de la forma en que yo la entiendo, no indica que debamos dejar de soñar o de aspirar a mayores cosas, sino que debemos hacerlo desde un conocimiento profundo de quienes somos, y trazando un mapa ambicioso desde *allí.*

Cuando dejas de aprender, dejas de liderar, aunque mantengas la "posición" oficial de "líder". Por eso es indispensable aprender a mejorar lo que hacemos para llegar hasta lo que anhelamos, no por los caminos sin salida de las fantasías, sino por el surco disciplinado del realismo práctico.

Volviendo a Bobby Clinton, como resultado de su compilación de biografías de líderes de todo tipo, él sugiere que cada uno de nosotros cuenta con un paquete de talentos naturales, a los que Dios le agrega dones espirituales para que podamos cumplir mejor con su misión, y a los que también nosotros podemos agregar habilidades aprendidas que perfeccionamos con la práctica. Con estos tres grandes elementos podemos crear la química ideal de nuestras aptitudes.

Los tres elementos básicos de esta química, entonces, son los siguientes (las figuras geométricas para representarlos fueron elegidas al azar):

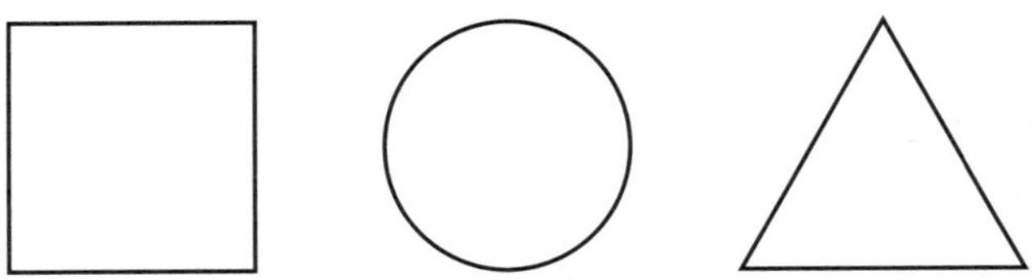

Habilidades naturales — Dones espirituales — Habilidades adquiridas

Reflexiona ahora sobre cada uno de estos elementos y haz tu propio inventario personal...

¿Qué talentos naturales puedes discernir en tu vida, desde tu niñez? Escribe una lista sin ningún tipo de pudor.

¿Qué dones espirituales has experimentado? Lee con cuidado y medita en Efesios 4.11, Romanos 12.6-8 y 1 Corintios12.4-11. (Sin una lista clara de cuáles son los dones espirituales mencionados en estos textos te costará mucho definir tus círculos.)

CUANDO DEJAS DE APRENDER, DEJAS DE LIDERAR, AUNQUE MANTENGAS LA "POSICIÓN"

¿Qué habilidades has añadido a tu vida a través del estudio y el trabajo? Desde estudiar una carrera hasta el haber desarrollado una destreza específica con mucho esfuerzo, todas son habilidades que adquirimos nosotros mismos y que no heredamos de la genética. Muy probablemente los talentos naturales o los dones espirituales nos llevaron a que aprendamos algunas de estas cosas, pero el saberlas o el dominarlas es más bien el resultado de nuestro esfuerzo y no de algo heredado o en lo que nos destacamos casi desde la cuna.

Concéntrate ahora en tu lista. Piensa en los cuadrados, los círculos y los triángulos, y tacha y vuelve a empezar las veces que sea necesario (no descartes nada).

Mira bien hacia adentro y bien hacia atrás. Analiza los

recuerdos de tu infancia y tu adolescencia temprana, y si ya estás en la tercera o la cuarta fase piensa bastante en lo que más disfrutaste hacer en la primera y la segunda.

Ahora es el momento de darle el tamaño adecuado a cada una de tus figuras. Por ejemplo, si tu talento natural más obvio siempre ha sido la capacidad de cantar en público (recuerdas, por ejemplo, cantar y ser con ello el centro de atención en todas las fiestas familiares desde tu niñez), pero también tienes una predisposición natural para la actividad física -aunque no es algo tan valioso para ti- entonces al representar la primera habilidad tu cuadrado debe ser bastante más grande que al representar la segunda.

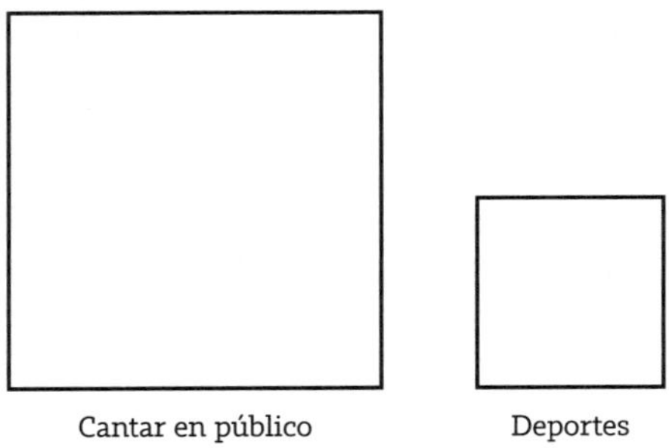

Y te reitero que este es solo un ejemplo, y estoy citando dos talentos que serían obvios, pero hay muchos otros que quizás te tengas que esforzar para discernirlos, como puede ser en el caso de una predisposición natural a la empatía, o al pensamiento organizado, o cosas que quizás siempre diste por sentadas, como tener una gran memoria.

Bueno, ahora trata de combinar tus cuadrados, círculos y triángulos más importantes en un solo diagrama. Aquí tienes algunos ejemplos para que veas cómo quedan este tipo de diagramas luego de terminados.

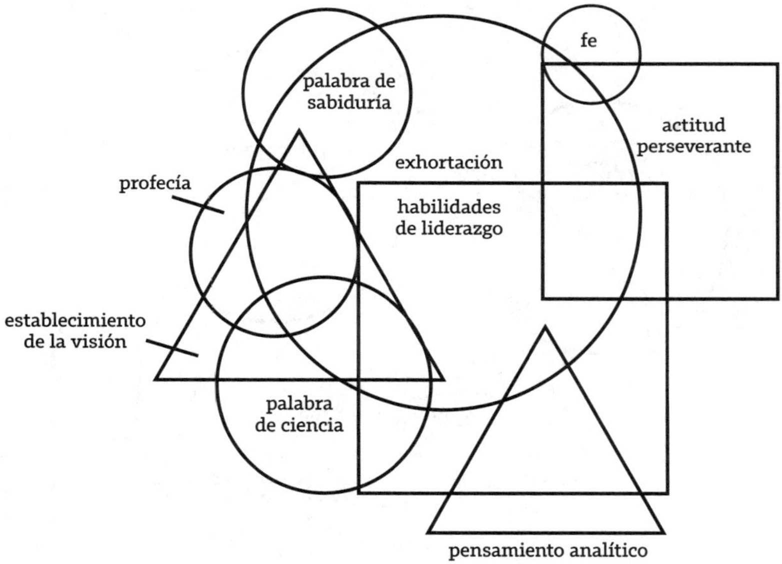

Habilidades naturales:
habilidades de liderazgo, actitud perseverante

Habilidades adquiridas:
pensamiento analítico, establecimiento de la visión

Dones espirituales:
exhortación, palabra de ciencia, palabra de sabiduría, profecía, fe

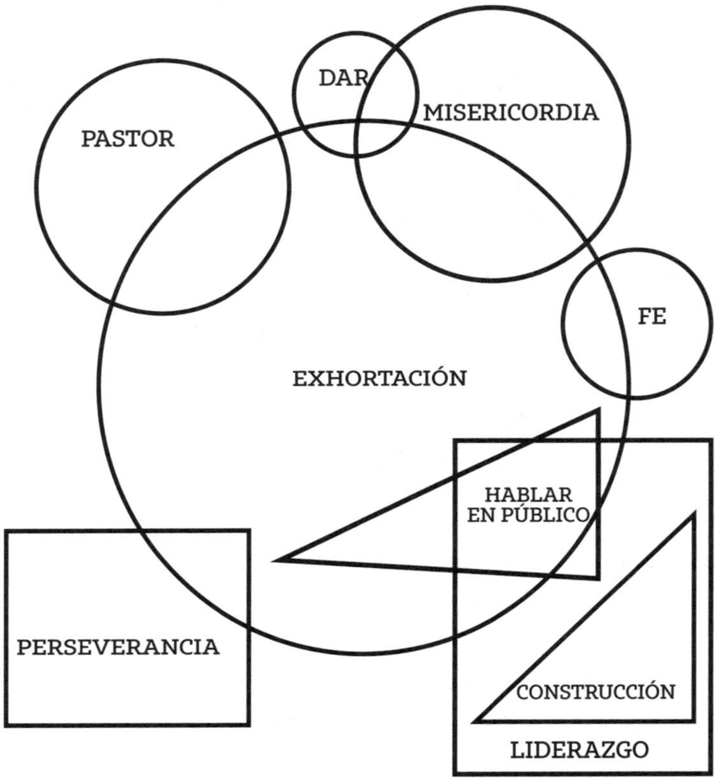
DAR
MISERICORDIA
PASTOR
FE
EXHORTACIÓN
HABLAR EN PÚBLICO
PERSEVERANCIA
CONSTRUCCIÓN
LIDERAZGO

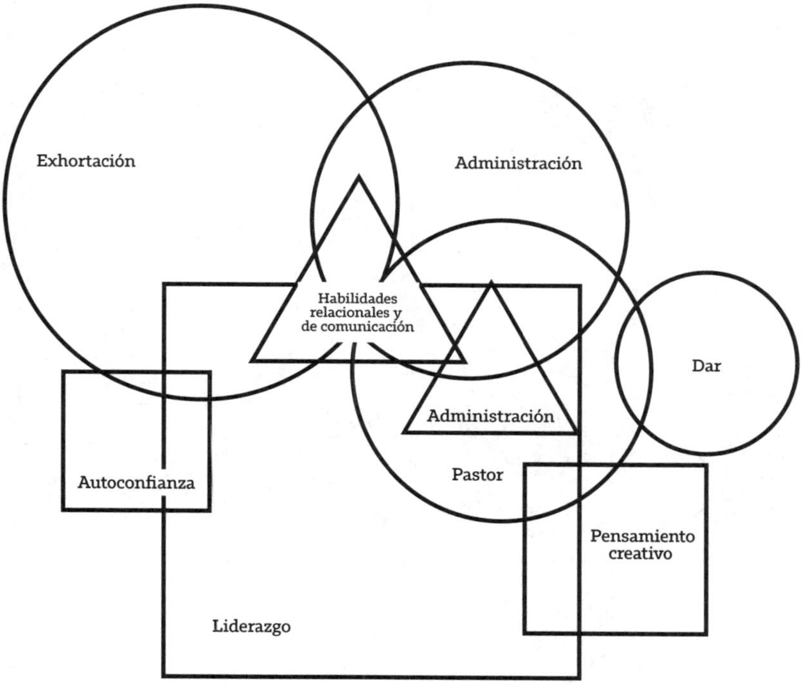

Dibuja ahora tu propio gráfico. Primero haz varias pruebas en papeles borrador. Al ver tus primeros diagramas quizás notes que algunos dones o destrezas se pueden resumir en una sola figura. Intenta elegir bien, pero trabaja sin temor a equivocarte porque este es un ejercicio de autoconocimiento y no una ciencia exacta. Cuando termines, dibuja el resultado final (tu gráfico personal) en el siguiente espacio:

MI DIAGRAMA DE APTITUDES

Revelador, *¿cierto?*

TU CURVA DE CRECIMIENTO

Quizás ahora puedas entender mejor la frase de Joseph Campbell. Soñar con añadir a nuestra vida talentos naturales es fantasioso e improductivo. Lo que definitivamente sí podemos hacer es adquirir nuevas habilidades a través del aprendizaje y la práctica, que potencien el o los talentos que tengamos, ¡o incluso que compensen los talentos que no tenemos! Y a su vez, también podemos contar con que Dios nos concederá de sus dones, como fruto de una espiritualidad genuina. Y aquí vuelve a salir a la luz esta perla de gran precio que verás repetida una y otra vez a lo largo de estas páginas: ¡la stamina supera al talento!

LIDERARNOS BIEN A NOSOTROS MISMOS PRECEDE AL ÉXITO A LARGO PLAZO

Liderarnos bien a nosotros mismos precede al éxito a largo plazo, y por eso es fundamental inventariar con realismo nuestras vidas y así visualizar cuándo y dónde debemos trabajar qué cosas. Es importante que podamos evaluarnos con honestidad y sin excusas, y que tengamos siempre presente que estamos donde estamos por la gracia de Dios y no por nuestros talentos o esfuerzo.

Al fin y al cabo, evaluar es conocer con sabiduría. Y "discernir" es una palabra en nuestro idioma que es la traducción de la palabra griega "diakrisis", que significa "juzgar", "distinguir", o marcar la diferencia entre cosas y por eso es tan importante el hábito de inventariar continuamente nuestras cuentas.

Y es que, o nos movemos con la vida, o la vida nos mueve, y por eso siempre debemos mantener una curva de crecimiento activa. Podemos conocernos mejor y patear una y otra vez la jaula de la complacencia para nunca quedarnos encerrados donde estamos o a la deriva, porque como afirmó la activista Helen Keller luego de quedar totalmente sorda y ciega a los diecinueve años: “La vida o es una aventura osada o no es nada”.

CAPÍTULO 8

NO TAN SOLO UNAS CHISPAS

¿*Te encontraste alguna vez en uno de esos instantes en los que simplemente sabes que estás haciendo algo especial y de una "manera" especial?* Me refiero a uno de esos momentos en los que te sorprendes pensando: "Wow, ¡esto sí que me está saliendo bien hoy!". *¿Te pasó alguna vez?* Yo sé que algunas lenguas rápidas dirán que no se supone que un líder cristiano haga este tipo de confesiones... pero a mí sí me ha pasado.

Algunos deportistas le llaman a esos instantes "estar en la zona", y cuando los comentaristas relatan estos momentos dicen que ese jugador está "encendido". Los artistas que improvisan en vivo lo llaman "tener el flow", y los inventores e incluso los comediantes hablan de "chispas de inspiración".

Ya sabes a qué me refiero, *¿verdad?* Lo viste en ese partido tan importante en el que a tu futbolista más odiado o admirado le salieron todas las jugadas e hizo más goles de los que nadie esperaba. En mi caso, me refiero a esos momentos en los que en una conferencia, la separación entre lo que pienso claramente y lo que sale de mi boca es tan pero tan pequeña que las ideas y las palabras fluyen juntas, a tal punto que me gustaría detenerme a tomar notas de lo que yo mismo estoy diciendo.

¿Viviste alguna vez un instante así? Si tu respuesta es no, no te preocupes, ya va a llegarte. Si tu respuesta es sí, te

aseguro que es muy probable que pronto puedas vivirlo de nuevo. Sobre todo si reflexionamos juntos acerca de cómo y por qué fue que sucedieron esos instantes...

Estos momentos especiales suelen ser cortos, y suelen sorprendernos porque la mayoría de nosotros no sabemos exactamente cómo es que llegamos ahí, ni por qué en tantas otras ocasiones no llegamos ni cerca. Pero, *¿será que no lo sabemos? Y... ¿qué tal si supiéramos cómo prolongarlos, o incluso cómo facilitar que sucedan?*

La stamina tiene mucho que ver con esos instantes, y también tiene que ver la creatividad. Y es que esos instantes incluyen chispazos de creatividad que confirman nuestro verdadero potencial, y por eso no solo inspiran a los demás sino que nos inspiran a nosotros mismos al regalarnos un nuevo aire para continuar.

Piensa por un momento: *¿cómo sería tu futuro si esos instantes se repitieran más seguido, o si fueran más prolongados?*

¿Cómo serían tu mundo y relaciones si esos instantes fueran la norma y no la sorpresa?

¿Estarías dispuesto a pagar el precio necesario para que eso ocurra?

Despacio. Esta no es una pregunta tan simple de responder como parece, así que sigamos con el análisis...

Después de haber pensado, leído y leído, conversado, y vuelto a pensar en esto, estoy convencido de que esos instantes se dan en situaciones en las que estamos expuestos y compitiendo por ser esa clase de líderes que en nuestras entrañas sabemos que podemos ser. Y te comparto esto aquí porque, al avanzar en nuestra conversación a lo largo este libro, creo que es vital transmitirte que la stamina es un resultado, pero también es una estrategia. Es una consecuencia, pero también es un compromiso, e incluso un precio.

LA STAMINA ES UN RESULTADO, PERO TAMBIÉN ES UNA ESTRATEGIA

Piensa de nuevo. Si es que alguna vez viviste algo así, *¿cuáles fueron las condiciones para que se diera ese instante? ¿Qué fue lo que te llevó a ese "punto caramelo"?*

Ahora te voy a hacer una confesión brutalmente honesta. Al mover los músculos de mi memoria para pensar con más detalle en mis "instantes especiales", descubrí algo llamativo. Noté que la primera condición que se repetía en cada caso era que estaba bien descansado, y la segunda era que estaba haciendo algo que ya había hecho antes, muchas veces (al menos en mi imaginación). Al ser inquieto por naturaleza, y al liderar un ministerio que tiene tantos frentes como lo es e625.com, suelo hacer tantas cosas que muchas veces llego a situaciones importantes encontrándome muy cansado y sin haberme dado el tiempo necesario para prepararme bien. Esto me hace reflexionar… *¿puedo dar lo mejor de mí sin dormir? ¿Será realmente lo más sensato improvisar cada vez, y esperar que "la fuerza me acompañe"?*

Como Jiro con su sushi, o Benja Franklin al trabajar en la

constitución de los Estados Unidos, y como corroboró la Doctora Angela Duckworth en su estudio sobre la deserción en la academia militar de West Point, el verdadero éxito no depende de chispazos sueltos de creatividad o talento, sino de trabajar duro en este espacio creativo que es la vida. Recuerda que si dejamos de crear es solo porque dejamos de creer.

LA CREATIVIDAD Y EL ESPEJISMO DE LA SEGURIDAD

La creatividad seduce.

Atrapa.

Cautiva.

Y es una de las más poderosas conductoras de influencia. Es otra catapulta.

Abierta o secretamente, todos la anhelamos, y sin embargo muy pocos la alcanzamos con tanta frecuencia como quisiéramos. Incluso si somos considerados "personas creativas" por los demás, siempre hay algo que nos gustaría haber pensado o haber hecho antes. *¿Por qué será que no vivimos en un continuo estado de creatividad, si somos hijos y amigos del creador del universo? ¿No se puede?*

LA CREATIVIDAD SEDUCE

¿Quién dijo que no se puede?

El influyente ensayista Ralph Waldo Emerson escribió que *"El temor derrota a más personas que ninguna otra cosa en el mundo*". Y yo creo que lo hace justamente privándonos del pleno uso de nuestras capacidades creativas.

El temor es un ladrón.

Pero existe una alternativa. Philip Zimbardo, quien fue presidente de la Asociación Americana de Psicología y profesor emérito en la Universidad de Stanford, concluyó, luego de estudiar por décadas el comportamiento humano, que el heroísmo tiene cuatro características maestras:

EL TEMOR ES UN LADRÓN

- Se desarrolla en servicio a otros.
- Se desarrolla voluntariamente.
- Se desarrolla sin la esperanza de recompensa personal externa.
- Se desarrolla con el reconocimiento de los riesgos y costos.

En otras palabras, el heroísmo reconoce el temor y lo calla, porque considera que vale la pena asumir esos riesgos para beneficio de otros. ¡Esa es la razón de por qué la creatividad se exhibe mejor cuando soluciona problemas!

Las necesidades de este mundo son demasiado urgentes como para dejarnos gobernar por el temor, y a la vez nuestro Dios es demasiado grande y nuestro destino eterno demasiado fabuloso como para no hacer lo que podamos para marcar una diferencia en las vidas de otras personas. Esa es la urgencia de la creatividad.

Las necesidades de la gente precisan soluciones, y por eso la iglesia no puede darse el lujo de convertirse en un circuito de eventos semanales para declarar algunas verdades, sino que debe facilitar que haya cambios sustanciales de justicia y favor de Dios por el bien común de la sociedad.

Y entonces vuelvo al principio. Tu influencia es crucial y tu creatividad es vital porque otras personas las necesitan. Un estado de complicidad y complacencia no solo no hará otra cosa que estancar tu sensación de progreso, sino que te hará perder el sabor de sentirte útil y la trascendencia de poder ofrecerle soluciones a alguien.

NUESTRO DESTINO ETERNO ES DEMASIADO FABULOSO COMO PARA NO HACER LO QUE PODAMOS PARA MARCAR UNA DIFERENCIA EN LAS VIDAS DE OTRAS PERSONAS

Así es que no solamente tu éxito aparente está en juego. La vida de otros y tu influencia sobre ellos también lo están.

¡Por eso es que no puedes permitir que el temor guíe tus decisiones!

No puedes jugar a no perder, y ser rehén de tus peores miedos.

El mundo necesita tu heroísmo. Y la creatividad se desatará en tu vida al callar a tus temores para seguir dándole al mundo soluciones reales, y no más de lo mismo para que nadie se ofenda pero nada se arregle.

Pretender vivir en una realidad de plena seguridad es una ilusión y no un plan. Es un espejismo que te corrompe a no hacer nada, mientras te va engordando de comodidad.

Hay un viejo proverbio alemán que dice: "El miedo hace al lobo más grande de lo que realmente es".

Piensa *¿Cuál es el propósito del temor?*

¿Protegernos?

¿De qué?

¿No es de Dios acaso este trabajo mientras hacemos su voluntad?

Recuerda este Salmo:

"El Señor es mi luz y mi salvación; ¿a quién temeré? El Señor me protege del peligro, ¿quién podrá amedrentarme? Cuando los malvados se lancen a destruirme, tropezarán y caerán. Sí, aunque un poderoso ejército marche contra mí, mi corazón no abrigará temor. Aunque ellos me ataquen, confío en Dios."
(Salmos 27.1-3)

El temor no es solamente desconfianza en nosotros mismos y en otros, sino que alberga la peor desconfianza de todas, que es la falta de fe en que Dios va a ser y hacer lo que ha prometido ser y hacer. Esa desconfianza paraliza, y te convierte, como dice la artista neoconceptual Jenny Holzer, en una víctima de las reglas con las que piensas.

HECHIZO O PRÁCTICA

¿Eres una persona creativa?

Tu respuesta a la pregunta que acabo de hacerte fue construida por información recibida en muchas circunstancias, y usualmente en comparación con otras personas. Y es que el término "creatividad" tiene un aura casi mágica, y para muchos funciona como un hechizo, ya que se habla de ella en relación con una persona en términos de blanco o negro: alguien la tiene, o no la tiene.

Pero, ¿será cierto que funciona así?

Sospecho que sospechas que yo no creo eso, *¿verdad?* Sin embargo, para serte sincero, puedo recordar circunstancias en que razoné exactamente de esa manera, como hechizado por ese concepto tan presente en nuestra cultura actual. Pero no. Es un concepto equivocado.

La creatividad es uno de los atributos transmisibles de Dios. Es decir, somos humanos hechos "a su imagen y semejanza" justamente porque nosotros también podemos crear. Te digo más: ¡debemos hacerlo! A mi me abrió mucho los ojos darme cuenta de que crear es el primer verbo mencionado en la Biblia en relación con Dios (Génesis 1,1), y luego es la acción de fondo en el primer pedido de Dios al hombre, que fue ponerles nombre a los animales (Génesis 2.18-20).

La creatividad es una de las más fundamentales cualidades humanas, y por eso es que siempre anhelamos lo nuevo. ¡Lo necesitamos!

En su libro *"Los orígenes de la creatividad humana"* el biólogo Edward O. Wilson, ganador del premio Pulitzer, afirma que la creatividad es el rasgo definitorio de nuestra especie. La creatividad es una apasionada búsqueda de la originalidad motivada por la perdurable necesidad humana de la novedad. El descubrimiento de nuevas posibilidades, la sugerencia y confirmación de nuevas soluciones, la sorpresa de los descubrimientos, y la adrenalina de los nuevos horizontes, le añaden vida a nuestras vidas.

LA CREATIVIDAD ES UNA DE LAS MÁS FUNDAMENTALES CUALIDADES HUMANAS

El antropólogo Agustín Fuentes de la Universidad de Notre Dame afirma que la creatividad es parte de nuestra caja natural de herramientas de la misma manera que lo son el caminar con las dos piernas y el tener el cerebro más asombroso del reino animal, y aun así, la mayoría de nosotros piensa que la creatividad es una característica solamente reservada para "los creativos" (que, según la caricatura popular, son artistas bohemios o extravagantes y se visten de manera inusual). Sin embargo, el óleo de esa pintura se disipa al mirar la historia y notar que algunas de las personas más creativas que aportaron soluciones tangibles a los problemas humanos nunca hicieron música ni tocaron un micrófono, y nunca bailaron ni pintaron. Copérnico, Galileo, Newton, Nash, Gutenberg, madame Curie, Bell, Edison, Tesla, Gates, Jobs, Zuckerberg, Calatrava, Bezos... son consideradas personas increíblemente creativas, y aun así, al revisar la historia de su día a día, no se hubiera podido notar ese rasgo.

El punto es que la idea popular de que "los creativos" son algunos iluminados que nacieron con un talento desbordante o con un toque divino, se cae al mirar la vida de las personas más creativas que hayan existido en el planeta. Sin duda tuvieron sus talentos, pero al talento le agregaron disciplina. Stamina. Y por eso su arte no solamente nos ha entretenido sino que nos ha influenciado a todos.

La pregunta que surge entonces es: *¿Estamos listos para asumir que la creatividad es una característica que está a nuestro alcance, la cual podemos desarrollar como una catapulta para dejar atrás cualquier sensación de estancamiento en nuestras vidas?*

LO CONTRARIO DE LA IMPROVISACIÓN

Cuando era niño admiraba a tres personas, quizás inusuales para mi edad: Albert Einstein, Walt Disney, y el general José de San Martín, héroe libertador de la Argentina, Chile y Perú.

Los tres merodeaban mis fantasías muy seguido, y de alguna manera me provocaron a desear ser una persona creativa desde muy temprano en la vida. Einstein me resultaba una versión más contemporánea del rey Salomón, y me hacía pensar en esa oración que mi madre me enseñó a repetir: "Señor, dame sabiduría." Hoy entiendo que la sabiduría no es igual al coeficiente intelectual, pero por alguna razón me fascinaba pensar (según lo que podía comprender a mi edad) en lo que Einstein había explicado acerca de la relatividad del tiempo en relación con la luz. Su peinado exótico y sus icónicas fotos jugando con su bicicleta o su pipa no hacían más que aumentar mi deseo de ser alguien que supiera combinar inteligencia con diversión.

Disney representaba para mí al maestro de la fantasía. Todavía hoy, cuando me cruzo con alguna imagen de su película "La dama y el vagabundo", vuelvo a mi niñez. Esa película vio la luz en 1955... ¡1955! Aunque quizás lo que más me impactó de Disney fue uno de esos cortometrajes que pasaban en el programa "El mundo de Disney" los sábados por la mañana en la TV. Se llamaba "¿De dónde vienen las historias?", y Disney lo comenzaba elogiando a sus animadores mientras en la pantalla aparecía un lápiz dibujando lo que terminaría siendo el pato Donald, y luego los dibujos comenzaban a acelerar para terminar mostrando al personaje en movimiento. Ver el proceso y darme cuenta de que esas historias nacían en la imaginación de una persona y en la creatividad de un dibujante, me catapultó a pensar que en mi futuro yo quería crear.

LA CREATIVIDAD NO ES FRUTO DE LA IMPROVISACIÓN SINO DE LA REPETICIÓN

En el caso de José de San Martín, habiendo terminado de luchar por la independencia Argentina, él decidió marchar con su ejército a través de la Cordillera de los Andes para liberar también a Chile y Perú. Con 1900 soldados y 17 cañones tirados en carreta, cruzó montañas sin caminos a una altura de 3500 metros (11.483 pies) muy cerca del Monte Aconcagua, la cúspide más alta de toda América. Luego de semejante hazaña, quizás lo más curioso es que decidió no quedarse a gobernar los territorios que había liberado, sino que aseguró a líderes locales y se marchó (algo por demás inusual en la historia de la civilización humana).

¿Qué tuvieron en común Einstein, Disney y San Martín, siendo de campos de la vida tan distintos? Que todos ellos enlazaron el ingenio con la valentía y la perseverancia, como una cuerda de tres hilos. Su creatividad no fue fruto de la improvisación sino de la repetición, y de una obsesión por dar con un plan para encontrar soluciones a realidades que deseaban cambiar.

"Albertico" publicó su teoría especial de la relatividad en 1905, tras estudiar por años los hallazgos de Michelson, Lorenz y Poincaré, y luego diez años después, en 1915, publicó su teoría general de la relatividad para incluir la aceleración como un factor fundamental para completar sus teorías.

¿Te das cuenta? A pesar de ser un investigador ya destacado, y aunque ya había publicado una teoría brillante, la siguió perfeccionando.

Por sus numerosas contribuciones a la física teórica, en 1921 obtuvo el Premio Nobel de Física, pero no por la Teoría de la Relatividad, porque a quien se le encomendó la tarea de evaluarla no la entendió, y temieron correr el riesgo de que luego se demostrase errónea, ya que lo explicado por Alberto parecía una locura.

Einstein abandonó Alemania en diciembre de 1932 debido al ascenso del nazismo y se instaló en la respetada universidad de Princeton en New Jersey donde hace algún tiempo tuve la oportunidad de visitar su casa.

En el caso de Walter Elias Disney, aunque cueste creerlo, fue rechazado por varias revistas y periódicos cuando fue a presentarles sus dibujos. Disneylandia, el parque del sur de California que dio inició a todo el resto de los parques temáticos de Disney, tampoco ocurrió de la noche a la mañana. Disney trabajó meticulosamente en sus planos por siete años antes de comenzar las obras.

NO PODEMOS CEDER A LA TENTACIÓN DE CREER QUE LA CREATIVIDAD ES SOLAMENTE FRUTO DEL INGENIO

El cruce de los Andes le demandó a José mucho ingenio y creatividad, pero el general no estaba improvisando, ya que él había sido parte de campañas que recorrieron muchos kilómetros en el norte de África, y también en España previniendo la invasión napoleónica, antes de zarpar desde Londres a Buenos Aires para ofrecerse en servicio a la independencia final de la Argentina y luego arremeter contra el ejército de ocupación en Chile y Perú.

En esencia, la creatividad tiene que ver con ver lo que otros no ven, y no tan solo en términos de resultado sino de ejecución, ya que no se reduce a desear una solución, sino a ver un plan para llegar a ella y contar con el valor de seguirlo hasta verlo realizado. Por esta razón, no podemos ceder a la tentación de creer que la creatividad es solamente fruto del ingenio o la espontaneidad, porque todas las historias de grandes mujeres y hombres que trajeron progreso a la humanidad son historias de resistencia, valentía y procesos difíciles superados que desencadenaron esas soluciones que hoy consideramos creativas e ingeniosas.

¿CÓMO SE INCREMENTA LA CREATIVIDAD?

Tus billones de neuronas (yep, leíste bien) están continuamente haciendo trillones de conexiones y ya tienen incorporado el trabajo de crear aunque conscientemente no se lo hayas asignado. Es como respirar. Lo hacemos continuamente, pero podemos hacerlo mejor si somos conscientes de cómo lo estamos haciendo. Por eso la creatividad no es algo que tenemos o no tenemos, sino que es algo que es inteligente incrementar conscientemente.

Si nos dedicáramos a revisar las vidas de las personas a las que consideramos las más creativas de la historia, estoy seguro de que nos darían estos consejos:

Alimenta tu curiosidad

"Yo no tengo talentos especiales, solo soy apasionadamente curioso", le escribió Einstein a un amigo, y aunque podamos hoy estar en desacuerdo con su afirmación, es interesante ver cuánto valoraba Einstein la curiosidad. Lo mismo ocurre con Leonardo Da Vinci. Sus proyectos fueron tan variados justamente porque su curiosidad era muy intensa.

Cuando llego a una ciudad para dar una conferencia, suelo preguntar cuánta gente vive allí, cuál es la principal fuente de empleo, e incluso siempre pregunto cuál es el gentilicio de la gente del lugar (hasta ahora mi favorito es el de la ciudad de Aguas Calientes en México: los "hidrocálidos"). Al hacer estas preguntas, muchas veces me encuentro con gente que no sabe nada acera de su propia ciudad, y esto me alarma porque la mayoría de las personas que me buscan en los aeropuertos y me llevan al hotel suelen ser líderes cristianos.

¿Cómo podemos ser líderes de una ciudad y no saber prácticamente nada de su historia y sus características especiales? La falta de curiosidad desnuda falta de interés.

La curiosidad no mató al gato, como dice el dicho, sino que, en todo caso, lo que lo mató fue su imprudencia. Como dijo el escritor inglés Samuel Johnson: "La curiosidad es una de las características permanentes de una mente vigorosa."

LA CREATIVIDAD NO ES ALGO QUE TENEMOS O NO TENEMOS, SINO QUE ES ALGO QUE ES INTELIGENTE INCREMENTAR CONSCIENTEMENTE

Estira tu conocimiento

El cerebro humano hace mucho más que almacenar datos. La memoria tiene una función más poderosa que guardar información, que es *conectar* esa información con otra previamente almacenada. Por eso, seguir aprendiendo es vital para nutrir tu creatividad.

Una de las verdades que más me impactó al estudiar neurociencia es comprender que el cerebro se reorganiza a sí mismo continuamente, lo cual recibe el nombre de "neuroplasticidad". Esta reorganización permanente es vital para mantenerlo activo, tal como pasa con los músculos del cuerpo, que necesitan ser usados para no perder su fuerza y elasticidad. Por eso, aprender continuamente no solo tiene que ver con tener una actitud humilde, como a veces damos a entender en el ámbito cristiano, sino que tiene que ver con mantener nuestro cerebro activo y a máxima capacidad.

Además, el aprender sobre otros campos de la vida le añade parámetros comparativos más amplios a lo que sabemos de nuestro propio campo, y aunque no haya siempre una conexión directa entre otros intereses y tu llamado, el aprender sobre otros campos incrementa tu capacidad de análisis y tu creatividad a la hora de ver posibilidades donde otros no ven.

Protege tu capacidad de asombro

Cuando somos niños sabemos que no sabemos, hasta que quizás por los dichos de nuestros hermanos mayores, primos, o incluso nuestros padres y maestros, comenzamos a experimentar la vergüenza de no saber. Tal vez tu hermana mayor se rio de ti por esa pregunta ingenua, o tu tía te acarició el pelo tratándote como a un bebé cuando hiciste ese comentario fantasioso, y así, de a poco, aprendiste que no es seguro no saber. Ya para tu adolescencia, entonces, decidiste que lo seguro era aparentar saber todo, e incluso disimular tu asombro ante lo nuevo, y de esta manera fuiste envejeciendo por dentro más que por fuera... Con la suma de experiencias negativas que confirmaban tus peores profecías, te diste cuenta de que el mundo está todo roto y no es prudente esperar nada nuevo.

Lo que necesitas es una nueva profecía. Y no me refiero a que venga alguien a decirte algo positivo acerca de tu futuro, sino a que vuelvas a admitir, como en tu niñez, que no lo sabes todo y que hay una tonelada de cosas y personas asombrosas que todavía puedes conocer. Niégate a la tentación de tener siempre la razón y saber todo de antemano. Acéptalo. ¡No lo sabes todo! No saber y no conocer, no es de tontos sino de humanos. Las personas cambian. Tú estás cambiando. Y hay un montón de escenarios deslumbrantes todavía por explorar.

Colabora

La creatividad es colaborativa. Aun en el caso de aquellas personas que la historia admira abiertamente por su creatividad, si lees sus biografías te darás cuenta de que ellos solo mejoraron lo que otros habían comenzado. Verás que tuvieron compañeros de equipo que les sumaron detalles vitales para sus creaciones, e incluso notarás que se enriquecieron al aprender de sus críticos en vez de ignorarlos. ¡Comparte tus ideas con otras personas y permite que te ayuden a mejorarlas!

LA CREATIVIDAD ES COLABORATIVA

Si lideras un equipo, pon ideas sobre la mesa y déjale al equipo deconstruirlas para luego volverlas a armar. Y también, presta atención a las ideas de otros y súmales tu percepción. ¡Las mejores creaciones son el resultado de la colaboración y no de la chispa ingeniosa de una sola persona!

Exponte a lo distinto

Las personas realmente creativas aman las paradojas, y una de ellas es que todos tienen algo para enseñarnos a pesar de ser personas en necesidad de redención. A mí me cuesta entender cuando el mundo evangélico reacciona ante un personaje público como si fuera bueno o malo. Según la Biblia, ya está claro que es malo (Romanos 3.10-11), pero no por eso hay que descartar todas sus obras. Sería cómo hacerle un examen de doctrina a un deportista, o uno de moral a un arquitecto, y no poder valorar sus proezas deportivas o su edificio por estar juzgando lo que creen.

A mí me gusta aprender de pensadores ateos y de otras religiones porque, aunque conozco la verdad, no me creo dueño de la verdad sino que tengo en claro que la verdad, Jesús, es mi dueño. Y considero que todo lo que se diga, si es verdad, no importa quién lo diga, siempre será verdad.

LAS PERSONAS REALMENTE CREATIVAS AMAN LAS PARADOJAS

Lo mismo ocurre con la diversidad de opiniones políticas, o con el nivel socioeconómico. Si todos tus amigos son de tu mismo nivel social y a la vez de tu misma posición política, entonces vas a escuchar tus propias opiniones con eco, sin poder enriquecerlas con las ideas de otra gente que piensa diferente.

Ese es también el peligro de la monoculturalidad, e incluso de hablar un solo idioma. El cerebro crea surcos neuronales, que son similares a los caminos que se marcan en el césped por el uso continuo. Si siempre transitamos por los mismos pensamientos, tarde o temprano habremos creado surcos rígidos, caminos marcados en nuestra manera de pensar que no nos permitirán ver con los ojos de aquellas personas que piensan diferente.

¡Pasa tiempo con gente con la que no estés de acuerdo! Escucha. Conoce realidades distintas a la tuya, y te librarás de hacer juicios superficiales. Sumérgete en otra cultura, y tu capacidad de adaptación crecerá y te permitirá ver el mundo con patrones menos rígidos.

Fantasea

Soñar despiertos libera dopamina en nuestros cerebros, por lo que su efecto en nosotros no es para nada fantasioso. Hace algunos años se hizo muy popular el creer que el hemisferio izquierdo del cerebro es la región matemática y racional, y el hemisferio derecho el creativo y bohemio.

Pero hoy los neurocientíficos han superado esa definición sobresimplificada, y han comprobado que más allá de dónde se inicie un pensamiento, acción o emoción, lo más importante es cómo se comunican las distintas áreas del cerebro. ¡Y es interesante que ambos hemisferios secretan dopamina cuando estamos soñando, ya sea dormidos o despiertos! La dopamina es un mensajero químico (un neurotransmisor), y es también la hormona de la felicidad y el placer, por lo que cuando se libera experimentamos una sensación de premiación. Lo que la dopamina genera no es ni más ni menos que la motivación, el "querer hacer", y entonces facilita la orquestación de movimientos, la toma de decisiones, y el aprendizaje necesario para crear.

David Watson, también de la universidad de Notre Dame, investigó a 200 individuos durante tres meses tratando de identificar la relación entre el sueño y la creatividad, y corroboró que aquellos individuos que se destacaban por su creatividad eran también los que tenían una mejor relación con la fantasía. No solo tenían sueños vívidos de noche, sino que acostumbraban a dejar que su mente vagara en sueños durante el día para luego trabajar en aspectos de sus vidas relacionados a esos sueños.

Desmiembra al muñeco

El hermano menor de mi esposa es famoso en la familia por haber sido ese niño que desarmaba sus muñecos y mezclaba sus partes entre muñecos distintos. Los brazos de un osito terminaban en un soldado, y los del soldado en un marciano.

Por si te lo preguntas, mi cuñado Andrés es hoy una persona que llegó con normalidad a su adultez, pero obviamente a mí me dio algo de risa cuando escuché esta historia, y me quedó dando vueltas en la cabeza hasta que la relacioné con un principio fascinantemente práctico: todo lo que sabemos y hacemos se subdivide en partes más pequeñas.

A Leonardo Da Vinci también se lo reconoce por esto. En uno de sus diarios escribió: *"para entender mejor los objetos hay que observar los detalles que los componen. La página de un libro tiene muchas palabras, y si bien el libro tiene un mensaje, la suma de sus partes puede ser más valiosa que el todo."*

Yo soy un fiel creyente de que la imaginación tiene mucho que ver con la mirada, y su relación con este consejo es que si miras bien las partes de una obra y tratas de entenderlas por separado, entenderás también más acerca de su todo.

Mira por ejemplo el programa de un evento de tu ministerio y trata de ver cada sesión como una experiencia única. Sin lugar a duda encontrarás nuevas formas de llevar a cabo esa experiencia, y el beneficio no solo será tuyo sino de todos los que experimenten el resultado, porque de seguro se notará que estuviste realmente pensando en lo que ibas a hacer en lugar de simplemente hacerlo de la manera en que siempre se hizo.

Obsesiónate con las soluciones

Una vida que no aporta nada a otros es insoportablemente aburrida. Busca necesidades por las que puedas hacer algo, ¡y conviértelas en tus enemigos! Cuanto más grande sea el enemigo que elijas, más gente estará interesada en tu solución y más personas se sumarán a tu causa. Las necesidades a tu alrededor son muchas, y Dios te puso en medio de esas personas para hacer tu aporte. Quizás sientas que ya hiciste bastante y no te lo han agradecido, pero tomate un momento de realismo crudo y analiza si has hecho muchos esfuerzos o si has provocado muchas soluciones, porque no es lo mismo esforzarse mucho que lograr mucho. Esforzarse es parte del proceso, y la solución debe ser parte del resultado.

NOSTALGIA DE FUTURO

Piensa en la clase de líder que puedes ser. Esto sigue siendo urgente porque es necesario que seas esa clase de líder y para que eso suceda, el pecado de la pasividad debe ser eliminado de tu repertorio. Recrear y multiplicar esos instantes especiales en los que le regalas al mundo lo mejor que Dios puso en tu vida ¡es posible! Los chispazos pueden convertirse en una llama, y por eso ya es hora de desmembrar tus temores como hacía mi cuñado con sus muñecos. ¡Redúcelos a pequeñas partes y muéstrales quién está cargo! Desactiva la inercia y encuentra una nueva manera de hacer las cosas. Vuelve a experimentar algo que ya conoces como si fuera por primera vez, y dale la oportunidad a alguien de demostrarte tu error al pensar que las personas no pueden cambiar.

Los mejores líderes tienen nostalgia por lo que todavía no sucedió porque confían en que Dios aún tiene algo nuevo por hacer en ellos y en otros. Esta clase de líderes pueden caminar entre el caos y crear orden. Mirar la aparente nada y ver algo porque están lo suficientemente cerca del Creador como para desarrollar una creatividad sorprendente haciendo que los mejores instantes se multipliquen sin necesidad de halagos para esforzarse porque están enfocados en las soluciones que anhelan para ese mundo que desean mejorar.

LOS MEJORES LÍDERES TIENEN NOSTALGIA POR LO QUE TODAVÍA NO SUCEDIÓ

CAPÍTULO 9

LA MENTIRA DEL EQUILIBRIO

Lo noto cada vez que tengo la oportunidad de tener alguno cerca. Los mejores líderes, sean mujeres u hombres, viven en "modo campeonato." No bajan la guardia jamás, y pueden manejar muchas decisiones, acciones y responsabilidades complejas a la vez.

Esto no significa que no descansen, sino que no se relajan. Y es que hay una diferencia entre una cosa y la otra. El descanso es activo; el relajarse es pasivo. Relajarse tiene que ver con bajar la guardia y no darle la atención o la intensidad debida a algo que debe ser solucionado; y esto no es lo mismo que descansar, ya sea en las fuerzas y promesas de Dios, o porque nuestro físico lo requiere. Irnos a descansar para estar listos mañana es una disciplina, pero detenernos a esperar a que las circunstancias cambien para hacer lo que debemos, es el axioma de la pasividad y una de las más monstruosas trampas devoradoras de líderes.

EL DESCANSO ES ACTIVO; EL RELAJARSE ES PASIVO

La Biblia tiene un nombre para "esperar a que las circunstancias sean las ideales" para hacer lo que debemos, y esa palabra es pereza. Y no solo la menciona, sino que tiene varias advertencias en cuanto a ella:

"La pereza hace dormir profundamente." (Proverbios 19.15, DHH)

"Los perezosos empobrecen pronto..." (Proverbios 10.4)

"Por pereza tiene goteras la casa." (Eclesiastés 10.18, LBLA)

"No sean perezosos; sirvan al Señor con el entusiasmo que da el Espíritu." (Romanos 12.11)

"Reprendan a los perezosos…" (1 Tesalonicenses 5.14)

Pero la pereza no es tu único enemigo, y puede ser que no sea tu peor debilidad. Por eso te presento a otro contrincante. En la esquina contraria, con guantes dorados y una mirada asesina, se encuentra "el perro". Su naturaleza es el activismo. "El perro" te hace correr por el ring de la vida sin descanso. No te permite disfrutar de estar en la pelea, porque sus golpes son constantes. Con él nada es suficiente para estar en paz. No te deja disfrutar del gozo de sentirte amado, y no te permite ningún tipo de seguridad en las riendas del uso de tu tiempo. Y claro, por más fuerte que pegues, "el perro" te gana por cansancio. Absorbe todas tus fuerzas porque te hacer correr sin respiro y con un stress que no tiene que ver con tus movimientos sino con las sensaciones, percepciones y motivaciones por las que "el perro" te hace mover.

EL SÍNDROME DE MARTA

¿Te acuerdas de Marta?

En Lucas 10.38-42 leemos que cuando Marta recibió a Jesús en Betania, no fue solo a Jesús a quien recibió. El texto dice que estaban con él los discípulos. Pero, ¿cuántos eran? Tal vez estés pensando en doce, pero ten en cuenta que cuando aquí dice "los discípulos" no necesariamente se refiere solamente a los doce, ya que unos versículos antes se menciona que los 72 enviados al comienzo del capítulo acababan de reunirse de vuelta con Jesús después de sus recorridos, y también podemos estar seguros de que algún que otro local estaría con ellos -dada la fama de Jesús en ese momento-, así que... *¿te imaginas recibir más de 70 personas en tu casa?*

Y entonces, según leemos en Lucas 10.40, pasó esto:

"Marta estaba preocupada, pues tenía mucho que hacer. Entonces se acercó a Jesús y le dijo:

—Señor, ¿no te importa que mi hermana me haya dejado sirviendo sola? Dile que me ayude."

Me imagino que alguna vez has predicado en contra de ella... pero ponte en el lugar de Marta por un momento. *¿Cuál sería tu nivel de stress y distracción si docenas de personas vinieran a tu casa?* A mí me gusta recibir amigos en casa, pero te confieso que me cuesta mucho hacerlo sin primero ponerme a limpiar y asegurarme que tengo comida suficiente y que vamos a poder pasarla súper bien juntos. Agrégale a esta historia el alto valor cultural de la hospitalidad que tenía el pueblo hebreo de aquel entonces, y el gran temor que todavía hay en oriente de deshonrar a los huéspedes, especialmente a los más importantes, y ahora vuelve a mirar el texto bíblico... ¡Para colmo, justo antes de esta escena se encuentra la historia del buen samaritano! Y ahora agrégale además que el invitado principal entre la multitud es... el

Mesías tan esperado, y el Rey del Universo… Y bueno, creo que si yo tuviera que recibir en mi casa a toda esta gente, Valeria intentaría darme antes unas tres o cuatro tazas de té de tilo, como mínimo.

Si miramos con atención, lo extraño de esta historia no es lo que pasó con Marta, sino lo que sucedió con María. Ella decidió no preocuparse por las tareas pendientes, para poder escuchar a Jesús. Esa es la anomalía en la historia y claro que tuvo sus consecuencias. La primera es que, claramente, irritó a Marta. Ella estaba trabajando como loca mientras María estaba sentada con Jesús. Esto la exasperó a tal punto que fue a hacerle el reclamo al mismísimo Jesús. *¿Y qué fue lo que le respondió el maestro?* Él le dijo:

"Marta, Marta, te preocupas demasiado por muchas cosas. Pero sólo una es necesaria. María ha escogido la mejor, y nadie se la va a quitar." (Lucas 10.41-42)

La primera pregunta que suelo escuchar en la mayoría de los sermones con respecto a esta escena es: *¿Cuál es la única cosa necesaria?* Pero vamos más atrás: ¿Qué es lo que en realidad estaba poniendo a Marta tan ansiosa? El texto dice que ella estaba ansiosa "por muchas cosas", y yo personalmente creo que la raíz de todo ese estrés era imaginarse qué iba a pensar toda esa gente si la casa no estaba en orden y si ella no tenía lista la comida a tiempo. A Marta le preocupaba que su hogar y su servicio pudieran dar un reflejo pobre de su identidad, y esta carga la cegó, impidiéndole disfrutar lo que en esa situación era lo más valioso: y es que el gran maestro estaba en su casa.

¡Esa debió haber sido su prioridad! El problema de Marta no

era lo que estaba haciendo, sino lo que *no* estaba haciendo. Ella se estaba perdiendo un asombroso tiempo de intimidad con Jesús. "El perro" no le estaba dejando descansar en la presencia de Cristo. Ella estaba ansiosa, a simple vista por todo lo que tenía que hacer, pero debajo de la piel, por algo más. Y es que la peor ansiedad es muy sutil y es un deseo de aprobación disfrazado de deseo de servir, que tarde o temprano frustra, fatiga, y detiene el crecimiento de tu liderazgo. Y reitero: El problema crucial no está en las actividades ni en el volumen de ellas. El problema está en las motivaciones equivocadas con expectativas irresueltas, y en el estrés que estas producen.

LA PEOR ANSIEDAD ES SUTIL Y ES UN DESEO DE APROBACIÓN DISFRAZADO DE DESEO DE SERVIR

Es mi preocupación por lo que piensas de mí, disfrazada de mi preocupación por ti, lo que puede hacerme engañarte.

Marta confiaba en que Jesús estaría de acuerdo con ella al hacerle su reclamo, pero la suave replica de Jesús fue en realidad un acto de amor hacia ella, y hacia nosotros también. Y es que a todos nos haría bien el balance de María. Ella puso primero lo primero, y esa es otra de las catapultas que nos permiten llegar más allá de nuestras fuerzas.

Primero lo primero.

Lo que suele producir el desbalance en nuestras vidas no son las actividades, sino el porqué de ellas, y el no tenerlas en el orden de prioridades correcto. Entonces, la pregunta clave aquí es: *¿A quién servimos en nuestro servicio?*

NO ESTÁ EN EL MEDIO

En ciertos sectores de la iglesia norteamericana hoy se está hablando mucho en contra del activismo, y si pudieras escuchar algunas de las conferencias que yo he escuchado, verías que hablan de mantener una actitud relajada... tan relajada que hasta puede cargarte de culpa por sentir que no estás siendo obediente con lo que Dios te ha encargado. Yo creo que esta es otra de las típicas reacciones dialécticas en las que, por el abuso, luego se limita el uso. Dado que en la iglesia norteamericana de las últimas décadas muchos pastores y líderes cristianos terminaron agotados, con vidas sin balance y matrimonios y familias a la deriva por darle lugar al perro del activismo, entonces la reacción de algunos es irse al extremo opuesto, dando a entender que si haces muchas cosas es porque no tienes control y estás en pecado.

Lo que estas personas bienintencionadas -pero a mi criterio equivocadas- pierden de vista, es que no todos tenemos la misma capacidad de mayordomía a la hora de balancear múltiples responsabilidades.

La realidad práctica es que no todos los presidentes de Estados Unidos perdieron a sus familias por ser, posiblemente, las personas más ocupadas del planeta. Y no todos los CEOs de las grandes empresas multinacionales tienen problemas matrimoniales. Y no todos los pastores de megaiglesias con actividades continuas en sus congregaciones tienen una relación inexistente con sus hijos.

Claro, hay otros que sí. Hay personas que aun con muchas menos ocupaciones pierden el equilibrio en sus vidas y terminan arruinándolo todo. De ahí que inevitablemente surge la pregunta: *¿dónde está entonces el equilibrio?*

Y mi respuesta quizás te sorprenda: No está en el medio. Marta no hubiera estado mejor si hubiera estado menos ocupada y se hubiera quedado de a ratos con Jesús para manipular su culpa, y María no hubiera estado mejor si de vez en cuando se alejaba de Jesús y ayudaba un poco a Marta. El problema no era la cantidad de actividad; el problema era tener el corazón lleno de ansiedad y no estar haciendo lo que en ese momento era lo más valioso.

LA TRAMPA CUANDO UNO HABLA DE BUSCAR EL EQUILIBRIO ES PENSAR QUE SIEMPRE ESTÁ EN LA MITAD

La trampa cuando uno habla de buscar el equilibrio es pensar que siempre está en la mitad. En el "50 y 50". En no darle "todo" al trabajo sino darle "algo" a la familia, o al revés. *¿Notas el engaño tan sutil?* El balance no está en darle un poco a cada cosa para que ninguna se caiga, sino en darle toda la atención necesaria a cada cosa en el momento oportuno, y con la plena intencionalidad de hacerlo.

A todo lo que es importante debemos darle el 100 % de nuestra atención, comenzando por nuestra familia, porque ese siempre será nuestro primer ministerio. En esto, el gran problema suele ser estar sin estar.

De hecho, los líderes que disfrutan vidas significativas a largo plazo son aquellos que han sabido proteger sus prioridades y han podido darle la atención necesaria a cada cosa porque han controlado el estrés de estar pensando en cosas que no son oportunas cuando deben tener su atención de halcón puesta sobre las personas o situaciones a su alrededor en ese momento. *¿Un ejemplo?* Tener el teléfono apagado cuando estás en la mesa con tu familia. O mirar a los ojos a tus hijos cuando te están contando algo que es importante para ellos antes de irse a dormir.

OCUPARNOS NO ES LO MISMO QUE OCUPARNOS BIEN

Los líderes inmaduros usan más energía en verse bien que en ser mejores. Y mucha de esa energía es ansiedad desperdiciada en impresionar a personas pasajeras, en lugar de a las realmente importantes, que son aquellas con las cuales convives (comenzando por Dios). Esa ansiedad iniciada por "el perro" produce ocupaciones innecesarias, pero sobre todo un estrés innecesario. Por eso insisto con la idea de que no todo tiene que ver con la cantidad de ocupaciones, sino con tu habilidad para administrarlas, porque hay gente que se siente ocupada haciendo nada.

LOS INMADUROS USAN MÁS ENERGÍA EN VERSE BIEN QUE EN SER MEJORES

Entonces, *¿cómo incrementamos esa capacidad de administración?* Aunque sigo aprendiendo continuamente, mi experiencia me dice que la clave está en elegir muy bien en qué utilizas tu tiempo, y en darle el foco necesario a lo que estás haciendo sin pensar en lo que no estás haciendo en ese momento; y además, otro punto importante es hacer tus esfuerzos extras en las etapas precisas, porque claro, hay etapas y etapas, y momentos que demandan más sacrificios que otros.

Al mirar mi propia vida puedo notar dos periodos en particular, en los que me sorprendo de todas las ocupaciones que pude manejar al mismo tiempo. El primer periodo fue en mis épocas de estudios en Buenos Aires, cuando cursaba la carrera de Abogacía y la de Teología en dos instituciones diferentes, al mismo tiempo que tenía un trabajo en las mañanas, era líder en mi iglesia local, y estaba comenzando junto a otros amigos un ministerio interdenominacional dirigido a los adolescentes. Casi me gustaría decirte que fue un tiempo imposible, para crear empatía, pero la verdad es que pude terminar las carreras con normalidad, en el trabajo me ascendieron, y tanto del ministerio de mi iglesia local como del interdenominacional estoy lleno de recuerdos hermosos.

¿Cuál fue la clave? Obviamente yo fui diligente y pasé muchas horas estudiando, pero también debo observar que solo pude hacer todo eso porque mi cuerpo joven podía soportarlo, y porque en ese momento era soltero y vivía con mis padres. Ellos me proveyeron el marco emocional para que pudiera realizar ese esfuerzo, y yo siempre fui consciente de que eso era algo para el momento y que no se convertiría en algo crónico.

¿La lección? Hay al menos dos. La primera, que no tenemos la misma energía a los 20 que a los 40, ni que a los 60, y por eso si eres joven debes darlo todo ahora para tener más tiempo disponible después. Y la segunda, que la cobertura emocional es vital durante un período intenso de desgaste físico e intelectual.

El otro momento ocurrió hace no muchos años, cuando me encontraba al frente de Editorial Vida mientras también dirigía lo que fue la prehistoria de e625, que se llamaba Especialidades Juveniles. Para Editorial Vida debía manejarme en un mundo corporativo siendo parte de un conglomerado de editoriales en otros idiomas, administrando recursos y logrando un presupuesto de millones de dólares con empleados en varios estados.

Mientras tanto, en Especialidades Juveniles éramos una asociación sin fines de lucro con operaciones y eventos de servicio en distintos países. Para estas épocas ya estaba casado y con dos hijos, así que mi administración de mí mismo no pudo ser igual que en la etapa que mencioné antes.

¿Cómo superé el desafío? Primero te cuento que cuando me ofrecieron la presidencia de Vida dije que no tres veces antes de aceptarla, y que cuando finalmente dije que sí, lo hice con el consejo de personas sabias que hablaron a mi vida y me ayudaron a poner en claro cuáles debían ser mis demandas para aceptar la posición. Una de ellas, por ejemplo, era que no iba a cumplir horario en una oficina, algo que era muy raro para la corporación, pero que me iba a permitir pasar tiempo cerca de mi familia a pesar de mis múltiples obligaciones. A pesar de haber tenido dos trabajos exigentes y de haber viajado a más de una docena de países por año, tengo más recuerdos de pasar tiempo con mi esposa y mis hijos durante esos años que los que tienen algunos de mis amigos con vidas más "normales" que la mía, porque a pesar de las exigencias me las arregle para ocuparme de los míos con plena atención cuando estaba con ellos.

¿Cómo? Estableciendo buenos ritmos familiares con rutinas semanales, e invirtiendo para poder tener vacaciones cortas que fueran todo lo seguido que pudiera, de modo de crear memorias en común que facilitaran nuestra identidad familiar.

¿Hice todo lo que pude? Claro que no creo que mi desempeño haya sido perfecto, pero la verdad es que tengo la paz de no haberme quedado en el medio y de haberle dado el 100 % a cada aspecto importante de mi vida durante esas temporadas.

LAS METAS Y LAS EXCEPCIONES

Hace algunos años leí una historia sobre el admirado billonario Warren Buffett en un número de la revista "*Inc.*" que realmente me llamó la atención. Según esta anécdota, cierto día el viejo Warren se acercó al piloto de su jet privado antes del despegue, y lo animó diciéndole que debía tener sueños más allá de llevarlo a él de un lado al otro, aunque la paga fuera decente. A esto, el piloto le respondió que efectivamente sí tenía varios sueños a los que todavía no se había dedicado. Buffett entonces le recomendó que hiciera lo siguiente: Primero, debía escribir en un papel veinticinco metas para su carrera. Segundo, debía reflexionar, mirando en su interior, y debía elegir cinco de esas veinticinco metas y dibujar un círculo alrededor de ellas. Tercero, debía darle una mirada firme a las veinte restantes y entender que, a partir de ese momento, esas eran su enemigo. Buffett le dijo con énfasis a su piloto: "Esas veinte metas serán siempre tus peores distracciones."

Aunque me parecía que la historia escondía un buen principio, mi reacción inicial fue pensar que el numero veinticinco era demasiado elevado. Me daba la sensación de que, en todo caso, cualquiera de nosotros podría mencionar veinticinco objetivos para su vida o para su liderazgo, pero que el número veinticinco quedaba muy grande para pensar en metas. *¿Por qué Buffett habría elegido un número tan elevado?*

De todas maneras pensé que no perdía nada con intentar el ejercicio, así que tomé mi cuaderno anillado del año y empecé a escribir metas. Y escribí y escribí hasta detenerme, sorprendido, cuando pasé la veintiséis y noté que podía haber seguido...

Decidí entonces darle una mirada más profunda a la lista para ver si podía resumir dos o tres en solo una, y efectivamente sí pude hacerlo. Algunas eran metas de mediano plazo que tenían que ver con una meta a largo plazo que realmente incluía a las otras, y en otros casos había metas que se pueden dividir en objetivos, así que empecé a diferenciar cuáles en lugar de metas eran objetivos para una meta. Con todo esto logré reducir bastante mi lista.

AUN COSAS FANTÁSTICAS PUEDEN SER UNA GRAN DISTRACCIÓN SI NO TENEMOS CLARA NUESTRA LISTA DE PRIORIDADES

Pero luego me enfoqué en el remate de la recomendación de Buffett: Elige tus 5 metas prioritarias, y considera a las siguientes tu enemigo. ¡Eso sí que me trajo nueva luz! Porque aun cosas fantásticas, que son aspiraciones genuinas, pueden ser una gran distracción si no tenemos clara nuestra lista de prioridades. El priorizar lo que es más importante para ti define tus metas, así como tus metas reflejan lo que es importante para ti.

Sin este diálogo entre metas y prioridades es prácticamente imposible administrar correctamente nuestras energías para el largo plazo. Y es que la mayoría de las personas pueden solucionar un problema momentáneo, pero los mejores líderes pueden discernir patrones detrás de los problemas, y entonces arreglan las raíces de estos y de esa manera permanecen en control de sus agendas.

PODEMOS TOMAR LAS EXCEPCIONES POR LAS RIENDAS O SER CONTROLADOS POR ELLAS

Aunque claro, luego también llegan las "excepciones" porque si somos sinceros, lo que suele alejarnos de nuestras metas y sacarnos de agenda no son las responsabilidades rutinarias de nuestras vidas y ministerios, sino las excepciones. Podemos desarrollar el hábito de calendarizar nuestras responsabilidades para cada semana con un criterio claro de prioridades, y aun así perder el ritmo debido a alguna emergencia o excepción.

Las excepciones son desordenadas, pero son el dulce de leche de cualquier ministerio. Allí puede salir lo mejor de nosotros, o lo peor. Podemos tomar las excepciones por las riendas o ser controlados por ellas, y por eso es importante desarrollar una filosofía al respecto. Porque me gustaría decirte, como he leído en otros libros, que siempre hay que decirle que no a las excepciones... pero no creo que sea un consejo realista.

Si viste la película navideña *"Elf"* (o, en español, *"El Elfo"*) con Will Ferrel, habrás visto una escena muy chistosa en la que va abriendo de esas cajas de sorpresas que tienen un muñeco que salta como un resorte, y caja tras caja se sorprende como si luego de abrir una no esperara que en la siguiente también fuera a aparecer un muñeco. Exactamente lo mismo les sucede a muchas personas que se sorprenden ante las sorpresas, sin elaborar de antemano una estrategia para tener el margen suficiente como para poder manejarlas.

El ministerio involucra a muchas personas en diferentes temporadas, y cuando pasan por una de las difíciles, tarde o temprano se acuerdan de sus líderes... y ahí es donde entramos nosotros. Por eso en el capítulo anterior hablamos de empatía. Porque debemos ser sensibles a las necesidades de los demás. Pero, como también dijimos, las expectativas de otras personas no pueden gobernarnos. Por eso es tan importante tener un criterio para el manejo de las excepciones, aun cuando ellas vengan de nuestros liderados o de la agenda familiar.

¿Cuál es mi criterio personal? Con Valeria hemos hablado de un criterio de compensaciones, y también de no dejarnos desanimar cuando salimos de ritmo. Por ejemplo, como plan estratégico familiar, los miércoles almorzamos solos y los jueves son nuestras noches familiares y cuando hay excepciones, que claro que las hay, no tiramos el hábito por la ventana. En vez de eso, buscamos otra oportunidad

para recuperarlo. Es decir, puede que algún jueves no sea posible tener la actividad familiar, y entonces la tendremos el miércoles o el viernes, porque el punto no es que sea el jueves sino que *ocurra*. Lo mismo con los almuerzos matrimoniales de cada semana. No nos llenamos de culpa si un miércoles no podemos, ni desistimos de hacerlo porque una semana no sucedió. Simplemente volveremos a hacerlo la otra semana, o la siguiente si es más de una semana en la que la rutina se aplazó.

Conozco a muchas personas que han hecho buenos planes familiares y con las mejores intenciones pero que cuando tienen una excepción se frustran a tal punto que tiran el hábito por la ventana, porque para ellos es más importante cumplirlo que la meta para la cual el hábito fue planeado. Por eso, este secreto parece muy simple, pero créeme que funciona.

REGRESANDO AL REGRESO

Los líderes cristianos siempre debemos movernos de un liderazgo natural (que tiene que ver con nuestros talentos y ambiciones) a uno espiritual (que tiene que ver con el carácter de Cristo y sus aspiraciones) y aquí te va una idea que sorprenderá a más de uno: Esto no es algo que sucede una vez, sino que es un ida y vuelta constante.

En muchos círculos de la iglesia solemos dar la impresión de que las cosas son siempre "de una vez y para siempre". Te consagras hoy al Señor, y hasta el día de tu muerte serás una persona consagrada. Lo que creo es el problema aquí es que mezclamos lo que depende de Dios con lo que depende de nosotros. La salvación eterna del alma, por ejemplo, es por pura y absoluta gracia, y a nosotros solo nos toca aceptar y confiar en esa gracia; pero en lo que hace a la administración de nuestra espiritualidad, tal como dijimos en el capítulo sobre tener una espiritualidad sin ídolos, a nosotros nos toca acercarnos, mantenernos cerca y volver continuamente a estar cerca para que Él siga transformando nuestras vidas.

Debemos regresar continuamente al regreso del hijo pródigo, porque de lo contrario estamos en continuo riesgo de convertirnos en ese hijo que reclama su herencia para no depender del padre, incluso, sin alejarnos de nuestros compromisos ministeriales.

Las excepciones ocurren, y las emergencias pueden volar de cuajo cualquier rutina. Pero siempre debemos volver al plan, a la rutina que hemos diseñado, y debemos hacerlo sin unas expectativas irrealistas de que nunca habrá emergencias. Claro que lo natural será sentirnos frustrados cuando lleguen, pero si nos dejamos llevar por la frustración perderemos el control de nuestras acciones, energía y tiempo. Nos llenaremos de ansiedad, y eso nos expondrá a la presión de "el perro" de tapar las frustraciones con más actividades, o de simplemente rendirnos. Y no. Eso no tiene porqué ocurrirte. Todos podemos traerle nuestras cargas a Jesús, encontrar en Él esa paz fundamental para sentirnos en equilibrio, y así poder tener una mayor capacidad para manejar nuestros múltiples compromisos y también las excepciones que aparezcan en el camino.

El equilibrio no está en el medio, y una vida balanceada es posible cuando perseveramos en volver a las rutinas correctas a pesar de las temporadas excepcionales. Cuando le damos el 100 por 100 a cada cosa y a cada uno cuando estamos abocados a esa persona o a esa actividad que elegimos por convicción y no por culpa.

Es como un puente. Un ingeniero podría explicarte mejor que yo que el sostén puede no encontrarse ubicado en el medio sino en ambos extremos y la próxima vez que veas un puente construido de esta forma, puedes detenerte a mirarlo y meditar sobre este principio.

EL EQUILIBRIO NO ESTÁ EN EL MEDIO

Una vida balanceada es una poderosa catapulta hacia un legado que va mucho más allá de logros efímeros que, además de fans, pueden también dejar víctimas. Los mejores líderes viven en modo campeonato, ocupándose de todo lo que es verdaderamente importante, y para lograrlo desarrollan una estrategia, creyendo que es *posible.*

CAPÍTULO 10

KAIZEN Y NO PERFECCIONISMO

Equivocarnos sí es una opción. De hecho, es más que eso, porque en muchas historias es la mejor lección. Claro, tiene muchas ventajas aprender de los errores de otros para no tener que cometer los nuestros, pero hay ocasiones en que no hay lección más poderosa que la vivida en tu propia piel.

Todos aprendemos cometiendo errores, y por eso es vital que el perfeccionismo no te robe la energía que necesitas para seguir trabajando en lo que es importante, a pesar de los errores que cometas en el camino. La mayoría de las veces, incluso el "fracaso" es solo un punto de vista. Es una interpretación de los acontecimientos, y no un abismo.

EL PERFECCIONISMO MAGNIFICA TUS ERRORES Y MINIMIZA TU PROGRESO

Obviamente, en cosas más dramáticas no porque no te voy a minimizar situaciones difíciles como una disolución familiar, una quiebra, o un estrepitoso desacierto moral. En esos casos hay que respirar hondo y arreglar lo que puede ser arreglado, que es siempre el mañana que se va edificando hoy en ese nuevo universo que es el futuro. Pero en otros casos, hay personas a las cuales su perfeccionismo les crea una sensación de desánimo y fracaso solamente por haber comido de más al séptimo día de una dieta, perdiendo de vista que durante seis días anduvieron fenomenales, y decidiendo al octavo que la dieta se terminó solamente por los deslices del día anterior.

El perfeccionismo magnifica tus errores y minimiza tu progreso. Es peligrosísimo, porque se disfraza de excelencia y te envía constantemente mensajes de texto mentales diciéndote que él es lo contrario del fracaso, cuando en realidad no lo es.

Lo contrario del fracaso es el crecimiento, y a él se llega usando nuestros errores como amigos en vez de como enemigos.

KAIZEN

Al encontrarme con la historia del sushi de Jiro también me topé con un artículo en el *Harvard Business Review* que describía el principio de la cultura japonesa llamado Kaizen lo cuál me pareció más que una coincidencia. El artículo relataba la historia de la reacción del pueblo japonés luego de su derrota en la Segunda Guerra Mundial y las bombas nucleares que recibieron en Hiroshima y Nagasaki. La lectura me impresionó tanto que le pedí a Valeria que me ayudara a encontrar una ventana ideal en mi agenda para hacerme una escapada hasta Japón, para así poder oler, palpar y vivenciar este concepto en persona. La oportunidad que encontramos entre mis múltiples compromisos era muy pronto, así que, aunque me hubiera gustado ir con buena compañía -como mi amigo Juan Shimabukuro, que es hijo de japoneses y vivió allí- tuve que ir solo. (Aunque Juan fue mi guía en el teléfono cada vez que me perdí en el transporte público de Tokio.)

Kaizen es una palabra compuesta por dos vocablos japoneses: *kai* que significa cambio, y *zen* que expresa la idea de "para algo mejor". De este modo, básicamente significa "mejoras continuas", bien sea en el contexto industrial, el personal, o incluso el familiar.

Kaizen destaca la vitalidad de los cambios constantes, ya sea grandes o -en especial- pequeños, puntuales, y, en particular, continuos. Si bien esto ya era parte de la milenaria cultura japonesa desde hacía siglos, el concepto terminó de cobrar forma en los años 50 del siglo pasado, durante la ocupación por parte de las fuerzas militares estadounidenses.

Luego de la trágica guerra, y por razones socioeconómicas diversas, los Estados Unidos querían ayudar a industrializar Japón. Para esto, llevaron a expertos en métodos estadísticos de control de calidad que eran parte de sus programas de entrenamiento militar-industrial denominados TWI *(Training Within Industry)* que simplemente quiere decir Entrenamiento en la Industria. Así fue que llegaron William Edwards Deming y Joseph Juran, los más destacados expertos en control de calidad de la época, y comenzaron a compartir sus procedimientos de evaluación de la calidad. Estos conceptos y procesos fueron muy fácilmente asimilados por los técnicos japoneses porque escondían algunos principios que ya eran parte de su construcción

KAIZEN DESTACA LA VITALIDAD DE LOS CAMBIOS CONSTANTES, PUNTUALES, Y CONTINUOS

cultural. Lo que sucedió entonces fue que se toparon de frente la inteligencia emocional de los orientales (la milenaria filosofía de la autosuperación), y la inteligencia racional desarrollada por occidente, dando lugar así al nacimiento del Kaizen, un concepto preciso de superación continua. El resto es historia, pero el caso es que en no muchos años Japón se convirtió en una de las principales economías mundiales con marcas de vanguardia como Honda, Sony, Panasonic, Toyota, Nissan, Nintendo, Fuji, Suzuki, y tantas más que sería imposible nombrarlas a todas.

MEJORAS CONTINUAS HASTA QUE EL CRECIMIENTO SEA AUTOMÁTICO

Al indagar en la filosofía del *Kaizen* te das cuenta de que el énfasis no está puesto solamente en incrementar la calidad de lo que se produce o experimenta, sino en reducir además los tiempos de entrega del producto o servicio y, también, en reducir los costos. Es decir, en simplificar continuamente el proceso.

En sí, la esencia del *Kaizen* es trabajar en el mejoramiento de los procesos antes de esperar que se obtengan resultados mejorados.

Lee eso de nuevo.

Si lo piensas, de esto se ha tratado cada catapulta sobre la que hemos reflexionado a lo largo de este libro. Aspiraciones que podemos convertir en hábitos, y que no son el resultado que buscamos pero que lo facilitan. Un plan de trabajo fundamentado en la palabra de Dios y junto al Espíritu Santo de mejoras continuas hasta que el crecimiento sea algo que te sale automático o digamos, naturalmente, y que incremente tu capacidad de influencia a largo plazo para que puedas dejar el legado que Dios te diseñó para dejar.

EL SECRETO INESPERADO

¿Te haría sentir culpable si, para cerrar estas páginas, hablamos ahora de atajos? Yo he escuchado a muchos "coaches", maestros, y predicadores (sobre todos los "motivacionales") decir que no existen los atajos hacia el éxito. Pero, *¿será cierto?* Yo creo que no y por eso uso Google y no la Enciclopedia Británica que usaban mis maestros cuando querían averiguar algo. Cuando yo era niño, en el período jurásico, una enciclopedia podía darte cierta sensación de prestigio, sobre todo si eras de los pocos que tenían acceso a una buena, de esas con muchos tomos. Pero la verdad práctica es que tenías que trabajar muchas horas, o incluso días, para encontrar todas las referencias que hoy puedes encontrar con Google en unos pocos minutos. *¿Que igual tienes que asegurarte de que las fuentes sean confiables?* Claro, no todo lo que se encuentra en Google es confiable. Pero, *¿por qué hacer el trabajo más difícil si podemos hacerlo más fácil*? Esa es otra de las mentiras del perfeccionismo instalado en la cultura que heredamos del siglo pasado. Creemos que si algo es más fácil no tiene tanto mérito como lo difícil, y que si algo es divertido, entonces no puede ser, a la vez, importante.

Yo no estoy de acuerdo. Este libro, por ejemplo, es corto, porque no me gusta perder tu tiempo ni el mío con historias kilométricas ni con demasiados ejemplos y citas para ilustrar los principios que considero vitales. Si puedo decirte lo mismo con menos palabras que con más, prefiero usar menos. Y si puedo simplificarte los principios en lugar de complicarlos para sonar más inteligente o espiritual, prefiero compartírtelos con la mayor simpleza posible.

Necesitamos atajos. Aunque cuidado, que esto no es lo mismo que hacernos adictos crónicos a las típicas "aspirinas emocionales" simplistas que hoy escuchamos por todas partes. Necesitamos trabajar para traer a nuestros cerebros verdades profundas pero de aplicación simple. Y claro, también debemos trabajar en poner en práctica lo que es correcto (más que en "declararlo"), y ese trabajo no solo debe ser cuestión de esfuerzo sino de astucia. Porque no se trata de esforzarnos más sino de conseguir mejores resultados, en lo posible, con menos esfuerzo.

NO SE TRATA DE ESFORZARNOS MÁS SINO DE CONSEGUIR MEJORES RESULTADOS, EN LO POSIBLE, CON MENOS ESFUERZO

Necesitamos simplificar nuestra superación, transformándola en pequeñas acciones ordinarias que terminarán produciendo la clase extraordinaria de vida que anhelamos. Ahí está la clave. Podemos dejar de confiar o desconfiar del talento, y enfocarnos en pequeños y grandes atajos para tomar todos los días, para así seguir trabajando en nuestro carácter y nuestra personalidad y fortaleciendo nuestra consistencia.

Podemos desdramatizar los errores propios, y también los de los demás y por eso quise compartirte la idea del

Kaizen y terminar esta reflexión pegándole un cachetazo al perfeccionismo.

El perfeccionismo te baja los brazos. Te quita el aire. Te frena el ímpetu, y hasta te roba la diversión. Y ahí te acabo de compartir un secreto inesperado: El perfeccionismo también es culpable de que hayamos olvidado la disciplina del gozo. *¿Recuerdas lo que conversamos hace unos capítulos?* La diversión es un tema serio, y yo creo además que es un gran atajo para facilitar tus metas. Si pensar en la meta, o en los objetivos que te llevarán hacia la meta, no hace que se te expanda el corazón, o al menos que se te dibuje una sonrisa, entonces tus posibilidades de fracaso incrementarán exponencialmente. Por eso este secreto es tan crucial. Y sí, yo sé que es posible que luches con esta idea, porque el perfeccionismo es un zorro que te engaña sin que te des cuenta, y te dice al oído que si algo es verdaderamente importante no va a ser divertido. Por favor, no le creas.

Te doy un ejemplo. Si yo quiero mantenerme en forma, mi plan no puede ser solo correr, porque personalmente lo encuentro demasiado aburrido. Pero sí puede ser jugar a algún deporte grupal, porque eso siempre me energiza. Claro, lo segundo es un poco más difícil de organizar, porque requiere de otras personas, y entonces a veces tengo que conformarme con correr. Pero esa no es mi meta, sino tan solo algo que puedo hacer durante un lapso breve para llegar a algún objetivo de corto plazo. Si, por el contrario, al comenzar un nuevo año yo decidiera que una de mis resoluciones va a ser correr tantos kilómetros por semana, fracasaría vez tras vez, simplemente porque encuentro aburridísimo el correr solo. (No me mates si a ti te parece divertido.)

Las metas que no te divierten pueden hacerte sentir "exitoso" de manera pasajera, como a todos los que se muestran en las redes sociales en el gimnasio en enero y lo abandonan en febrero. Científicamente, no funcionan a largo plazo, porque el cerebro necesita dopamina para confirmar que esa acción vale la pena.

De todas maneras, déjame aclararte que el secreto no es buscarte metas divertidas, sino asegurarte de encontrarle la diversión a cada hábito en el que trabajes. *¿Cómo exactamente?* Las posibilidades son infinitas. Tantas como la cantidad de acciones de las que estemos hablando multiplicada por la cantidad de personas que hay en el planeta. Por eso es tan importante lo que discutimos antes acerca de conocerte, inventariar tu vida, y definir los valores a perseguir detrás de las acciones, sin dejarte manejar la agenda por las opiniones de otros o las fuerzas de la cultura a tu alrededor.

ENCONTRARLE LA DIVERSIÓN A CADA HÁBITO EN EL QUE TRABAJES

Divertirte al trabajar cada catapulta mencionada en este libro es un atajo que te permitirá perseverar con mayor facilidad, cuando tu cuerpo o tus emociones te empujan a rendirte.

RESILIENCIA

Si la disciplina es la madre de la stamina, la resiliencia es su hermana. Son familia, ¡y *Kaizen* es su pariente oriental!

La resiliencia es la capacidad de recuperarnos frente a la adversidad para seguir proyectando el futuro, incluso desarrollando recursos que se encontraban ocultos antes de la adversidad. En otras palabras, tiene que ver con la adaptabilidad y la posibilidad de rehacernos en medio de los desafíos.

En caso de que no sean ya lo que te llevó a leer este libro, déjame advertirte que las temporadas complicadas y las agendas exigentes tarde o temprano van a llegarte, sobre todo si estás avanzando en tu capacidad de influencia. Son parte del proceso y, si sabes aprovecharlas, serán parte también de tu inventario de oportunidades.

Hace un tiempo, en una librería muy vieja de Grand Rapids, Michigan, me sedujo un libro del que había escuchado pero nunca había tenido en mis manos y al encontrarlo decidí darle una mirada. El libro era *"Man's Search For Meaning"* (en español, *"El hombre en busca de sentido"*), del neurólogo Víctor Frankl. Yo había leído muchas referencias respecto a Frankl en distintas ocasiones aunque nunca había leído nada de él, así que me compré el libro y me lo llevé en el avión de regreso a casa. En sus páginas Frankl cuenta acerca de sus sufrimientos en el espantoso campo de concentración de Auschwitz, asegurando que quien le encuentra significado a la vida puede sobrevivir a lo que sea. Escena tras escena de su tortuosa experiencia se fueron convirtiendo en una posibilidad debido a esa *stamina* interior que él llama "sentido". Frankl les encontró sentido a sus peores capítulos porque los vio en función de convertirse en una mejor persona. Y esto me hizo pensar en la experiencia que Jesús tuvo en el Monte de los Olivos...

Cuando visité ese lugar en las afueras de Jerusalén, aprendí sobre el proceso que en la antigüedad se empleaba para extraer el aceite de las aceitunas. Era pisoteándolas. El lugar dónde Jesús pasó las horas previas a ser apresado para ser luego llevado a la cruz, y donde sudó como fuertes gotas de sangre, fue justamente este lugar donde se pisoteaban las aceitunas. De hecho, "Getsemaní" quiere decir "la prensa de aceite". El más preciado aceite con el que se ungía a los reyes era extraído al pisotear las aceitunas hasta que fuera exprimida la última gota. *¿No te parece una tremenda imagen de la relación que tienen las circunstancias difíciles de nuestra vida con nuestro significado?*

LAS PRUEBAS SON NECESARIAS EN NUESTRO PROCESO DE SANTIFICACIÓN Y CRECIMIENTO

Somos ungidos a través de los pisotones para poder darle a Dios nuestra mejor adoración, y con ella, nuestra mejor influencia al mundo.

Las pruebas son necesarias en nuestro proceso de santificación y crecimiento. El Getsemaní verifica la fortaleza de nuestra fe. Produce humildad. Corrige nuestra lista de prioridades. Y permite escribir nuestro mejor significado.

Las pruebas revelan lo que en verdad amamos, y suavizan nuestro corazón al punto de hacerlo más atento a los sufrimientos y luchas de otros. El Getsemaní es vital para la stamina, porque desarrolla la virtud de la resiliencia y pone en el frasco de tu vida el aceite de un carácter más puro, a prueba de toda herida.

TU NUEVO LIDERAZGO

¿Qué sucedería en tu organización si alguien nuevo ocupara tu lugar? Seguramente habría algo de nervios, y algunos se pondrían ansiosos. Otros quizás quisieran estar seguros de a dónde te vas para irse contigo, pero probablemente otros renovarían sus expectativas para la organización y pensarían que un nuevo liderazgo significa nuevas posibilidades, y que puede ser la oportunidad para una nueva y mejor historia.

¿Qué te parece ser ese nuevo o nueva líder? La noticia entre líneas, a lo largo de todas estas páginas, es que depende del trabajo que intencionalmente hagas en tu carácter.

¿Quisieras ser una persona más creativa? Lo serás proporcionalmente a la medida en la que te dediques a serlo. ¿Quisieras desarrollar un liderazgo más espiritual? Lo desarrollarás proporcionalmente al tiempo que le dediques. ¿Quisieras tener una empatía más productiva? La obtendrás en proporción al espacio que intencionalmente le dediques.

El activista de derechos humanos Benjamín E. Mays escribió: *"La tragedia de nuestras vidas no suele encontrarse en nuestros fracasos, sino en nuestra complacencia. No en haber hecho demasiado, sino en no haber intentado lo suficiente. No en vivir por encima de nuestra habilidad, sino por debajo de nuestras capacidades."*

El problema de la mayoría de los líderes es que desean todas esas cosas pero no tienen un plan para lograrlas. Tienen deseos sin ejecución y ambiciones sin estrategia y por eso, te escribí este libro.

La tragedia de muchos líderes es que no son intencionales en usar las catapultas que mencionamos en estas páginas para incrementar sus capacidades y llegar más lejos y más alto en su influencia y por esa razón es tan importante que te haga esta pregunta:

¿Cuándo fue la última vez que dejaste de hacer lo que te daba seguridad para hacer lo que te produciría crecimiento?

Ni el talento ni la falta de talento pueden seguir siendo tus excusas. Si piensas en excusas es porque sigues oyendo los mensajes mentales que te envía el perfeccionismo.

Ahora llegó tu hora de desnudarlo y mandarlo a jugar al ajedrez con los pingüinos.

QUE ALCANCES Y DEJES UN LEGADO TRASCENDENTE NO SOLO ES POSIBLE SINO NECESARIO

Volver a la cúspide luego de un resbalón es posible. Es posible industrializar un país y ponerlo a la vanguardia a pesar de una guerra perdida y dos bombas nucleares. Es posible volver al primer amor luego de que tu corazón navegue a la deriva por una temporada. Y es posible llegar a tu vejez dejando un legado de inspiración para las siguientes generaciones.

Recuerda algo fundamental que te mencioné al principio del libro: Que alcances y dejes un legado trascendente no solo es posible sino necesario, ya que el mundo en tu entorno será más frágil sin la influencia que Dios te escogió para multiplicar.

En el prólogo de tu vida está tu familia, tus experiencias pasadas y tu ayer. Pero el epílogo depende de tu stamina. Muchos que comienzan bien terminan mal, y muchos que comienzan mal terminan bien. La clave es luchar con inteligencia hasta al final, sin importar cuál fue el punto de partida. Las montañas que se te interpongan se merecen tu furia, y siempre las conquistarás un pequeño paso a la vez.

En la novela "El Señor de los Anillos" de Tolkien, me fascina lo que le dice Sam a Frodo en referencia a los héroes de la comunidad de los anillos: *"Todos ellos han tenido la tentación de rendirse, pero siguieron adelante y por eso recordamos sus historias, porque nadie recuerda las historias de quienes volvieron atrás".*

Germán García-Fresco, en su libro *"Train Your Brain For Success"* (entrena a tu cerebro para el éxito), explica que las mentes de la mayoría de las personas no suelen participar activamente del aprendizaje consciente. En vez de eso, desde que salimos de la educación formal, todos tendemos a pensar para la reacción rápida, lo cual es la razón de que los cambios de hábitos sean procesos lentos y que demandan esfuerzo. Por eso es tan importante contar con un plan de acción realista como el que desarrollamos a través de las catapultas, para que podamos llegar a ser la clase de líderes que debemos aspirar a ser.

Nada energiza a un equipo tanto como aquellos líderes que vencen cualquier obstáculo, o incluso, cualquier inercia mental, y se superan vez tras vez con performances que van más allá de lo esperado. Líderes que controlan sus conductas con precisión y se pueden mover de la ansiedad, el stress y la presión de las circunstancias a un estado de consistencia, progresión y paz en medio del caos. Líderes que no esconden la cabeza en el letargo, la inacción o la complacencia, porque confían en Aquél que los ha llamado. Líderes que piden la pelota y se hacen cargo del momento, porque entienden que su futuro y el del equipo dependen de ellos.

Necesitamos líderes con ese ingrediente atemporal y multicircunstancial que es el carácter. Líderes con esa *stamina* que seduce al más rebelde y despierta la admiración del enemigo más tenaz, porque terminan bien.

La voz del perfeccionismo tratará de disuadirte para que abandones; pero la voz interior del Espíritu Santo no discute ni intenta manipularte. Solo te habla, y se siente como la voz de Dios porque no te llena de culpa sino de aspiraciones, pasos de obediencia, fuerzas renovadas, y esperanza.

Escúchala:

"Por eso, tú, que tienes a tu alrededor tantos testigos, deja a un lado lo que te estorba, en especial el pecado que te distrae, y corre con ***stamina*** *la carrera que tienes por delante. Mantén fija la mirada en Jesús, pues de él viene la fe y él es quien la perfecciona. Él, por el gozo que le esperaba, soportó la cruz y no le dio importancia a la vergüenza que eso significaba, y ahora está sentado a la derecha del trono de Dios. Por eso, piensa en el ejemplo que él nos dejó, pues siguió adelante a pesar de tanta oposición. Por tanto, no te canses ni pierdas el ánimo.*[1]"

Hebreos 12.1-3

Tu mejor liderazgo comienza ahora.

1- Par frasis del autor.

BIBLIOGRAFÍA

A Resilient Life. Gordon MacDonald. Thomas Nelson, 2004.

Artesano. Alex Sampedro. E625, 2018.

Creativity, Inc. Ed Catmull. Random House, 2014.

Equilibrio en la vida cristiana. Charles C. Ryrie. Editorial Portavoz, 2015.

Every Good Endeavor. Timothy Keller. Dutton, 2012.

Grit. Angela Duckworth. Simon and Schuster, 2016.

How to Create a Brand People (Really, Truly) Love. Inc. magazine, June 2015. Inc., 2015.

La fantasía del éxito. Tony Campolo. Editorial Vida, 1996.

Leadership Emergence Theory. Robert J. Clinton. Barnabas Publishers, 1999.

Leadership is an Art. Max DePree. Dell Publishing, 1989.

Límites para líderes. Henry Cloud. Editorial Vida, 2013.

Living Forward. Michael Hyatt & Daniel Harkavy. MFJ Books, 2016.

Los orígenes de la creatividad humana. Edward O. Wilson. Editorial Crítica, 2018.

Maybe It's You. Lauren Handel Zander. Hachette, 2017.

Me lo merezco todo. John Townsend. Editorial Vida, 2016.

One Small Step Can Change Your Life: The Kaizen Way. Robert Maurer. Workman Publishing Company, 2014.

Revision. John C. Bowling. Beacon Hill Press, 2013.

Strengths-Based Leadership. Tom Rath & Barry Conchie. Gallup Press, 2009.

The 21 Indispensable Qualities of a Leader, Becoming the Person Others Will Want to Follow. John C. Maxwell. Thomas Nelson, 1999.

The Advantage. Patrick Lencioni. Wiley, 2012.

The Leadership Gap. Lolly Daskal. Penguin, 2017.

The Science of Creativity. Richard Jerome. Time Edition, 2018.

Train Your Brain For Success. Germán García-Fresco. Publisher Services, 2018.

Tribes: We Need You to Lead Us. Seth Godin. Portfolio, 2008.

Unlocking your giftedness. J. Robert Clinton & Richard W. Clinton. Barnabas Publishers, 1998.

132 Secrets of the Most Productive People. Fast Company magazine, December 2017/ January 2018. Fast Company, 2017.

ALGUNAS PREGUNTAS QUE DEBES RESPONDER:

¿QUIÉN ESTÁ DETRÁS DE ESTE LIBRO?

Especialidades 625 es un equipo de pastores y siervos de distintos países, distintas denominaciones, distintos tamaños y estilos de iglesia que amamos a Cristo y a las nuevas generaciones.

¿DE QUÉ SE TRATA E625.COM?

Nuestra pasión es ayudar a las familias y a las iglesias en Iberoamérica a encontrar buenos materiales y recursos para el discipulado de las nuevas generaciones y por eso nuestra página web sirve a padres, pastores, maestros y líderes en general los 365 días del año a través de **www.e625.com** con recursos gratis.

¿QUÉ ES EL SERVICIO PREMIUM?

Además de reflexiones y materiales cortos gratis, tenemos un servicio de lecciones, series, investigaciones, libros online y recursos audiovisuales para facilitar tu tarea. Tu iglesia puede acceder con una suscripción mensual a este servicio por congregación que les permite a todos los líderes de una iglesia local, descargar materiales para compartir en equipo y hacer las copias necesarias que encuentren pertinentes para las distintas actividades de la congregación o sus familias.

¿PUEDO EQUIPARME CON USTEDES?

Sería un privilegio ayudarte y con ese objetivo existen nuestros eventos y nuestras posibilidades de educación formal. Visita **www.e625.com/Eventos** para enterarte de nuestros seminarios y convocatorias e ingresa a **www.institutoE625.com** para conocer los cursos online que ofrece el Instituto E 6.25

¿QUIERES ACTUALIZACIÓN CONTINUA?

Regístrate ya mismo a los updates de **e625.com** según sea tu arena de trabajo: Niños- Preadolescentes- Adolescentes- Jóvenes.

¡APRENDAMOS JUNTOS!